陕西社科精品文库

# 西部乡村中小学教师专业发展与培训模式研究

XIBU XIANGCUN
ZHONGXIAOXUE JIAOSHI ZHUANYE FAZHAN
YU PEIXUN MOSHI YANJIU

牛文明 等 著

西北大学出版社
·西安·

**图书在版编目（CIP）数据**

西部乡村中小学教师专业发展与培训模式研究 / 牛文明等著. -- 西安：西北大学出版社，2022.3

ISBN 978-7-5604-4866-4

Ⅰ. ①西… Ⅱ. ①牛… Ⅲ. ①农村学校—中小学—师资培养—研究—中国 Ⅳ. ①G635.12

中国版本图书馆CIP数据核字（2021）第226586号

**西部乡村中小学教师专业发展与培训模式研究**

牛文明 等 著

出版发行 西北大学出版社

（西北大学校内 邮编：710069 电话：029-88303593）

http://nwupress.nwu.edu.cn Email:xdpress@nwu.edu.cn

| 经 | 销 | 全国新华书店 |
| --- | --- | --- |
| 印 | 装 | 陕西隆昌印刷有限公司 |
| 开 | 本 | 787mm×1092mm 1/16 |
| 印 | 张 | 13.25 |

| 版 | 次 | 2022年3月第1版 |
| --- | --- | --- |
| 印 | 次 | 2022年3月第1次印刷 |
| 字 | 数 | 205千字 |

| 书 | 号 | ISBN 978-7-5604-4866-4 |
| --- | --- | --- |
| 定 | 价 | 38.00元 |

本版图书如有印装质量问题，请拨打电话029-88302966予以调换。

# 《陕西社科精品文库》编委会

# 序

农为邦本，本固邦宁；民族要复兴，乡村必振兴。办好教育既要有优良的设备，更需要优秀的教师和教师队伍结构的优化。振兴乡村必须振兴乡村教育，振兴乡村教育的关键是千方百计加强乡村教师队伍建设。近年来，乡村教师队伍建设研究日益成为党和政府高度关切和学界研究的热点问题，乡村教师发展整体呈现良好态势，但也存在不少需要研究解决的问题。

牛文明同志自2006年跟随我攻读教育学原理博士学位以来，便开始对西部乡村中小学教师研究表现出浓厚兴趣，多年以来他在这一重要研究领域积累了比较丰富的研究成果。我一直支持他的学术志趣和研究工作。《西部乡村中小学教师专业发展与培训模式研究》一书是他和一批志同道合的高校学者、一线教师研究成果的展示。他们的研究以我国西部集中连片特困地区乡村中小学教师为重点，聚焦西部乡村中小学教师专业发展和教师培训过程中存在的关键问题，在深入研究的基础上提出现实针对性较强的问题解决对策。翻阅书稿，如下三个特点较为明显：

理论与实践统一。教育本质是合目的性和合规律性的统一，研究教育问题要实现教育发展目的与符合教育发展规律，即理论与实践有机统一。西部乡村中小学教师专业发展既是一个重要理论命题，更是一个重大实践问题。本书"研究综述"部分详细梳理了西部乡村中小学教师专业发展和培训模式研究存在的问题，如教师激励机制尚未构建、教师培训机构建设有待加强等，从理论上指出西部中小学教师发展存在的深层次问题。同时提出切实可行的对策建议，如分别从教师培训的定位、内容、形式、跟踪等四个方面，提出从"输血"到"造血"、预设到生成、单一到多样、当下到未来等教师培训变革路径。本书注重吸纳一线优秀教师案例，陕西洋县青年路小学校长邓爱华的教育叙事《向着诗和远方追去》、陕西宁强县第一初级中学校长杨安平的教育叙事《遇见，方能"预见"》，基于个人成长经历，具有极强的可读性、鲜明的实践性和典型的示范性。

全面与重点兼顾。不同时期乡村教师发展有不同要求，同一时期不同区域乡村教师发展有其自身规律。西部中小学乡村教师发展既存在教师专业发展的普遍问题，更具有自身的特殊问题，全面与重点兼顾、选准切入点是本书的亮点和特色。本书高度关注教师专业阅读，认为阅读是制约西部中小学教师专业发展的瓶颈问题，在聚焦阅读内容（教师教育图书）、任教学科（中学地理教师）基础上提出推动教师阅读良性发展的对策。与此同时，牛文明同志还积极开展推动教师阅读的实践活动，入选《中国教育报》2021年度推动读书十大人物，可喜可贺。

国内与国外结合。有了人类就有了教育，就有了人对教育问题的思考，乡村教师研究同样是中外教育学界关心的问题。他山之石，可以攻玉。本书通过对美国乡村教师"下得去""留得住""教得好"问题的研究，分析美国乡村教师流动的现状，梳理美国乡村教师改革的关键措施，提出相关政策启示：改革要实施"一揽子计划"、关注新入职教师专业发展、定向培养本土教师，在互鉴交流过程中实现教育思想的碰撞。

多年来，通过推进城乡教育均衡发展及其特岗教师、乡村教师生活补贴等政策措施，城乡学校教育均衡发展水平和西部乡村中小学教师队伍整体水平显著提高。教师是立教之本、兴教之源，承载着"传播知识、传播思想、传播真理，塑造灵魂、塑造生命、塑造新人"的时代使命。新时代高质量教育体系呼唤西部乡村中小学高水平教师，相信该书的出版会进一步推动学界关注西部乡村中小学教师研究，为繁荣新时代西部教育科学研究增色添彩。希望牛文明同志及其团队以本书出版为契机，扎实研究，开拓视野，笃行不怠，百尺竿头更进一步！

陕西师范大学教育学部教授、博士生导师
西北基础教育与教师教育研究中心主任

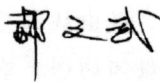

2022 年 2 月

# 目　　录

## 第一编　研究综述

## 第二编　西部乡村中小学教师专业发展研究

# 第三编 西部乡村中小学教师培训模式研究

# 第四编　他山之石

# 附　录

# 第一编　研究综述

# 第一章　西部乡村中小学教师
## 专业发展研究综述

2011 年 4 月 26 日，中共中央政治局会议指出："集中连片特困地区扶贫攻坚任务仍十分艰巨。"2012 年 6 月 14 日，国务院扶贫办下发《关于公布全国连片特困地区分县名单的说明》，正式确定了连片特困地区的具体名单。除已明确实施特殊扶贫政策的西藏、四省藏区、新疆南疆三地州外，西部连片特困地区重点分布在六盘山区、秦巴山区和吕梁山区。2014 年 9 月 9 日，习近平总书记观摩北京师范大学"国培计划"教学现场时指出，目前中国教育的薄弱环节和短板在西部地区，在农村，在老、少、边、穷地区，要尤其加强这些地方的教育，提升教师素质。国家发展一定是共同发展，不能让任何一个地区掉队，不能让任何一个孩子落伍。本书认为西部乡村中小学教师的素质及其专业发展直接关系到该地区中小学教育的质量，是实现教育强国梦想的根本保证。

## 一、西部乡村中小学教师专业发展状况概述

教师专业发展强调教师作为专业人员要经历一个由不成熟到相对成熟的发展历程，其发展内涵是多层次、多领域的，包括知识的积累、技能的娴熟、能力的提高，也涵盖了信守教育理想、承担专业责任、适应职业压力和要求，具备从多个角度观察、分析问题和应用多种模式进行教学的能力。近年来，通过实施"国培计划"，省培、市培，以及各类公益组织培训，西部乡村中小学教师整体素养有了明显改善和提升。同时，西部乡村中小学教师专业发展问题得到了党中央、国务院的高度重视，国务院正式颁布《乡村教师支持计划（2015—2020 年）》，持续提高乡村教师队伍素质，使得西部乡村中小学教师通过脱产研修、智能研修平台、对口帮扶、

名校访学等多种形式步入专业化快车轨道。

## （一）教师专业标准是教师专业发展的依据

教学专业人员需要掌握教育教学理论，用艺术性的手法在教学现场达成教学目标。每一位教师都必须具备基本的教学技巧，并在此基础上，超越一般性教学技巧，提升学生的高阶思维以力和批判性思考能力，这已成为连片特困地区教师专业发展的瓶颈。2008 年 7 月起，我国启动了"中国教师教育标准研究"项目，使得中小学教师队伍的建设逐渐走向制度化和规范化，内容是对教师的专业素质、机构、课程设置和质量评价等提出基本的标准。[①] 2012 年，教育部正式印发中学、小学《教师专业标准》。教师专业标准规定了教师专业发展的维度，包括三个方面：专业理念与师德、专业知识和专业能力。西部连片特困地区在教师专业发展的过程中，教师专业水平主要通过两种途径提升：其一是传统的进修研习，以熟悉新课程、新的教学模式或班级经营策略为主；其二是通过团队合作、反思对话、行动研究所产生的实践知识引导课程与教学，促进教师专业发展。

西部乡村中小学教学经过多年发展，在理论上基本形成了适用于西部地区的教师专业发展框架，尤其在专业知识（教育知识、学科知识、学科教学知识和通识性知识）和专业能力（教学实施、班级管理、教育教学评价、反思与发展）层面。优化课程结构，全面推进教师教育课程改革，通过西部乡村骨干教师培训、"国培计划"中西部项目等有效整合高等院校与社会资源；加强基地和资源建设，如在陕西师范大学、青海师范大学、宁夏师范学院等成立教师发展（教师培训）机构，当地优质中小学作为教师培养培训实践基地，整合有效资源，加强培训者队伍建设，充分利用高校、自治区教科研骨干教师等资源，组建中小学教师专家团、名师工作坊。中小学教师培训专家团队有力推动西部连片特困地区教师专业化发展的进度，在教师专业知识和能力的理论层面达成了一定共识，形成了较为规范的运作流程。

---

①江萍. 大学教师专业学习社群建设的行动研究——基于 A 大学的研究个案 [D].
南京：南京大学，2018：59.

**（二）学习团队的构建是教师专业发展的核心**

教师专业发展成功与否的关键在于能否找到合适的团队"领头羊"或召集人，其应具备热忱奉献的精神、专业知识、人际领导能力和事务的统筹安排能力等。除了一般的领导能力，更为重要的是，要转化成带领教师的能量，召集人是需要学习的。鼓励老师站出来担任召集人，以专业知识和人际领导能力带领教师形成学习共同体，共同分享实务，建构教师教学知识，设计完整的教师专业成长蓝图。在教师专业团队稳定运作后，需要使每一位团队里的教师都能够树立信心，努力成为召集人和领导者（图1-1）。

图1-1 教师学习团队运行基本流程

1. 分析教学内容，确定教学目标

在团队开展工作前，可提前进行工作规划。如备课选定共同的章节或单元，一方面方便教师教学设计，另一方面则可让教师先了解文本并汇集相关资料，进行活动前的简单分工。教师在团队合作之初已先阅读文本内容，在共同备课环节就可针对选定的内容提出自己的看法或是分享授课的经验和感悟。团队内教师不同观点与意见的碰撞，可深化对教学内容的理解。在此基础上，根据学情，依照教材的编排体例，则可确定本单元的教学目标。团队这一层面工作讲求协调合作，团队成员所具有的多元性，通过成员丰富的经验和多样化的观点呈现，彼此在此环节中可以激荡出更多的想法和创意。当然，团队成员互动技巧的训练、发展的过程要领以及效能提升的方法值得深入研究。

2. 规划教学环节，设计共有课题

确定好教学目标后，根据设定的目标规划相应的教学环节。以小学语文教学为例，在识字教学阶段，不同年级语文教师集体备课，先进行象形字的识字教学，然后是形声字的识字教学，在规划环节时，教学方案设计完成后，由教师集中研讨交流，修改后进班教学，透过同伴的观课议课，讨论学生的学习历程，再进一步实施修改后的教学设计。反复的打磨，旨在设计出明晰的教学方案，达到确定好的预设目标，由此改善学习效果。如设计出的共有课题"目部""口部""日部""水部"（象形）等教学设计。

学习团队强调同伴间的互助引导。如教师本身对于教学的优势与信念、影响其思维变革的资讯、变革中教师的需求、教师所学与课堂教学问题的解决、教师深层次合作反思的环境等要素[1]，通过同伴间的规划与设计课题，将有助于强化教师专业技能，落实教育的相关改革理念。

3. 观课议课，共筑学习社群

教学环节设计以后，教师可分工完成教案的撰写，结合观课环节，打磨教学设计，使得教学更具有弹性与成效。"教师不可能独自一人成长。促进专家的成长与自立的前辈指导者作为检修者，这种前辈做出的指导谓之'检修'，充当这种检修的前辈与同僚教师的作用是重要的。"[2] 以同僚性为核心的学校组织和实践改革透过学校内部研究，让教师进行相互的交流观摩，以学习社群方式推动"同僚性"的成长。

观课的原则有以下三点：第一，研讨的对象不是放在"应该如何教"的问题上，而是基于课堂发生的事实——"儿童学习的成功之处何在，失败之处何在"；第二，在研讨中观摩者不是"对执教者建言"，而是阐述自己在观摩了这节课之后"学到了什么"，通过交流心得来相互学习；第三，在研讨中，观摩者不应当缄默不语，应当实现不受高谈阔论者与评头论足者支配的民主型研讨。[3] 教师填写"教师观课记录表"和"学生上课对话记录表"，记录学生小组讨论的情况，观察全班上课的整体情况。教师共

---

①Kise, J. A.. Differentiated coaching: A framework for helping teachers change［M］. Thousand Oaks, CA: Corwin Press. 2006: 155.

②佐藤学. 学校见闻录：学习共同体的实践［M］. 钟启泉，译. 上海：华东师范大学出版社，2014：195.

③佐藤学. 学校的挑战：创建学习共同体［M］. 钟启泉，译. 上海：华东师范大学出版社，2017：168.

同备课，研制教案再入班操作，教师与学生共同完成学习的历程。任课教师在课堂中关注的是课堂的整体情况，包括学生间、师生间的互动，很难关注到小组组员之间的学习细节，而观课教师记录下来的观课记录表，可以清楚地展现出小组中学生的学习情况。

在此基础上，议课就成为重要的课堂教学组成部分，任课教师和观课教师面对面进行讨论，观课教师针对入班观察到的结果提出问题或看法，议课的内容也可成为教学反思的内容。如这节课的教学设计能否引导学生思考问题？教学设计能否帮助学生达到学习目标？学生能否透过同伴的力量相互学习？在此过程中，观课教师是课程的辅助者，他能够帮助任课教师深入了解学生的学习，从侧面完善教学的内容，使得教师处于一个富有魅力的教学场所中。

4. 反思教学，制作教学档案袋

专业档案袋（Professional portfolio）可以让教师在专业能力上扮演更为关键的角色。过程档案袋，主要汇集教师专业成长及目标相关的教材和文件资料；成果档案袋主要展示教师专业能力的代表性作品，两者都能反映教师的专业水平。近年来出现了更为便利的电子教学档案袋，教师可以根据备课情况选择、组织、讨论和展示档案内容，建立共享性的知识体系，以此来提高教学质量。

在教学反思层面，除了制作档案袋，学习团队还可通过专题讲座、专业对话、名师效应、树立标杆、网络平台交流、优秀案例展示等交流成果。如针对新入职教师教学技能的提升，可进行有关阅读的教学档案收集，以统编语文教材为例，参考 PIRLS 的提取信息、推论资讯、解释整合、比较评估等方面来分析，引发学生思考提问，碰撞出不同的思维模式。教师将团队成员的教材分析、讨论、对话汇总后确定教学档案。教学中进班观察，记录教学的过程及学生问题，促进教师专业发展与成长。

## 二、西部乡村中小学教师专业发展现存问题综述

通过检索中国知网相关资料，经过相近主题文献检索发现，尽管西部乡村中小学教师专业发展进行了积极探索，积累了诸多经验，同时面临诸多共性或个性问题。

### （一）符合教师生涯发展的终身学习体系尚未形成

教师专业发展是终身学习的过程，目前，西部乡村中小学教师专业发展多缺乏长远性和整体性规划，只注重眼前问题的解决，或是一些政策的考量与配合，较少从教师生涯发展的角度着手，专业发展活动因而常不能符合教师的发展需求，从而造成教育资源的浪费。有效的教师专业发展，除了应重视全体教师发展的共同性之外，也要能够针对教师各阶段的发展特点，提供有针对性的帮助。在教师专业进修中，偏重认知目标，忽略教学态度、批判性思维，团队合作等容易受到忽视。①

### （二）外界给予教师专业发展的支持力度不足

在陕西、青海、内蒙古、宁夏、新疆、西藏、云南等地，为鼓励乡村教师、校长专业发展，各级政府普遍重视在教师专业发展行动中的政府责任，例如：有的地区强调积极完善乡村教师服务发展体系，统筹各类培训项目，有的地区提出了乡村教师学历提升要求，有的地区强调了乡村教师专业发展支持中的专题资源库建设等。② 这些操作性强、具体明确的策略有效保障了各地教师专业发展工作的推进。但仍需看到，影响教师发展的重要外部因素就是对教师的物质支持，如个人待遇、学校软硬件设施的改善等。如果各级政府及学校领导主动参与教师专业发展，营造重视教师专业发展的氛围，了解其发展过程中的困难，及时提供帮助与支持，教师专业发展效果就会更加显著。

### （三）教师专业发展理念相对滞后

妥善处理教师的教学和学生的学习两者之间的关系是教师专业发展的焦点问题，两者的有机结合可以实现教师专业发展潜能最大限度的发挥，

---

①王大磊. 共和国中小学教师专业发展的政策研究［D］. 上海：华东师范大学，2011：43.

②王光雄. 乡村教师专业发展支持路径研究——基于云南省乡村教师支持计划的实施情况分析［D］. 重庆：西南大学，2018：104－105.

以此全面提升学生的综合素养。西部乡村中小学教师专业发展往往更关注教师专业技能的提升，容易忽略学生的学习成效。简而言之，教师专业发展仍在以教学活动表层为核心，教学的效果和学生学习之间的有机关联有意或者无意被割裂。未来的教师专业发展中，课程的整合成为趋势。教师不仅要与同伴进行教学研究，还要与学生一起承担课程决定或其他的决定；将焦点放在学生关注的议题之上，讨论教师不知道答案的问题，并且和学生一起学习；慎重认真地思考学生所建构的意义；提倡学生有权可以拥有此课程等方面进行努力。① 因此，教师专业发展的中心由"教师的教"转向"教师的教""学生的学"并重，刻不容缓。

### （四）与教师专业发展相适应的学校文化尚未形成

教师专业发展需要与之相适应的良好学校文化，教师之间的信任、鼓励可有效推动专业发展。教师专业发展共同体最好通过由下而上的组合方式，教师主动参与，自我管理，采取跨学科、跨校的方式整合资源，有计划地开展教学研究，邀请同行进行经验交流。但是整体而言，有利于教师专业发展的学校文化尚未完全形成，个别学校甚至存在轻视教师专业发展的现象。

### （五）与教师专业发展相支撑的激励机制尚未构建

西部乡村中小学教师专业发展总体而言缺乏相应的激励机制，影响教师专业发展的意愿。由于本地区中小学缺乏较为稳定的教师队伍，教学工作负担相对较重，加之固有的陈旧观念等因素的制约，教师内在发展动力未被激活。以构建推动专业发展的激励机制入手，推动终身学习理念的实践，提升专业思维，坚定专业自信，增强职业认同，成为未来西部地区中小学教师专业发展的核心所在。

---

①James A. Beane. 课程统整 ［M］. 钟启泉，赵中建主编. 上海：华东师范大学出版社，2003：78.

# 第二章　西部乡村中小学教师
# 培训模式研究综述

教师培训对于提高西部乡村中小学教师的业务水平、理论修养、科研能力大有裨益。为促进义务教育均衡发展，《国家中长期教育改革和发展规划纲要（2010—2020 年)》和《国务院关于加强教师队伍建设的意见》指出，中小学教师采取集中培训和远程培训相结合的方式，5 年一个周期，5 年内接受不少于 360 小时的全员培训。

## 一、西部乡村中小学教师培训模式概述

通过置换脱产研修、短期集中培训和教师远程培训等项目，西部乡村地区已逐步凝练出各区域自身的特色，如陕西省乡村教师培训中重视各级优秀教师的带头作用、关注校本研修，建立教师发展中心，为教师教育提供长效服务体系；甘肃省建设"好教师活动中心或学习中心"，加强革命老区乡村教师的师德师风建设，开展巡回支教教学活动等；宁夏"国培计划"项目实施中，共涉及 17 个学科不同类别和层次的培训，全年培训中小学幼儿园教师 25244 人，占农村义务教育学校专任教师的 43.85%，这些项目分别由宁夏大学、河北师范大学、西北师范大学、全国中小学继续教育网、中国教师研修网、华东师范大学开放教育学院等经过遴选的优质培训院校承担，培训合格率均达 95% 以上。[①] 利用 CiteSpace 知识图谱的可视化分析，以中国知网学术期刊总库为数据源，选择主题"西部教师培训"检索，设定时间区间为 2010 年 8 月至 2020 年 8 月，除去报纸、会议等与主题关联度不高的内容，共检索出 166 篇文章，以 Refworks 格式导

---

①周福盛，吴红军. 西部农村教师培训的实践与研究［M］. 银川：宁夏人民出版社，2014：序言.

出，用CiteSpace软件着重从关键词热点聚类、突现和时区线信息为着眼点分析西部连片特困地区教师培训的热点问题变迁历程。

### (一) 培训聚焦于乡村教师专业发展

关键词聚类共现图谱，节点为年轮状，节点越大，关键词字体越大，表明该关键词总体频次越高。10年间"中小学教师""国培计划""对策""农村教师"和"继续教育"成为西部乡村中小学教师培训的热点聚焦问题（图2-1、图2-2）。

图2-1 关键词共现

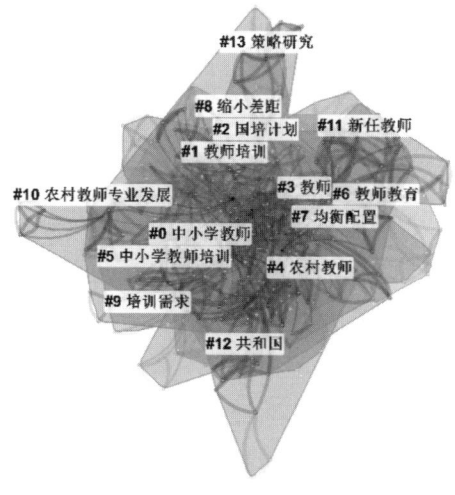

图2-2 聚类

2012 年"国培计划"——"中西部农村骨干教师培训项目"从置换脱产、短期集中培训和远程培训三个方面入手：

1. 置换脱产

集中培训与影子研修相结合，时间长达三个月，要求师范院校的师范生及城镇教师到农村中小学顶岗实习或支教。从高校专家和优秀一线教师中遴选优秀导师实施"双导师制"。培训方式为主题式培训，如专家指导、课题研究、跟岗实践、现场观摩、返岗实践、小组讨论等。在实践环节，以典型课堂案例为载体，从专业理念与师德、专业知识和专业技能三个维度开展主题式培训，强化基于教学现场、走进真实课堂的培训环节，逐渐形成了乡村教师专业发展的基地校，以点带面、以线带面、示范引领，实现教师培训和专业能力发展就近就地、不离乡不离土的目标。

2. 短期集中培训

短期集中培训主要针对西部乡村地区紧缺薄弱学科教师的培训，如革命老区、少数民族地区、边疆地区教师培训，其对象为农村中小学骨干教师，培训方式为案例分析讨论、特定任务解决，关注情境教学与学员的主动参与等。短期集中培训不再流于形式，能够更加关注培训成果的转化，具体问题具体分析，以此促进认知的发展。如专业理念模块注重案例分析并安排专家与学员对话交流，教学设计模块采用案例教学与班级小组讨论相结合，每一个专题学习后均要求学员填写教学评价和培训感言，强化了培训的实效性。

3. 远程培训

针对乡村中小学教师，采取线上培训与线下实践相结合的方式，强化了教师行动研究，充分利用现代教育技术能力，有较广的覆盖面，将媒体融入教学，开发课程资源，利用教学名师的经验不断建设课程资源库，成立教师学习共同体，实现了优质教育培训资源共享。

**（二）培训实施的成效**

通过"国培计划"中西部项目的实施，为西部乡村培养了一批骨干教师和带头人，同时培养了一批带动区域乡村义务教育学校发展、有影响辐射能力和帮扶作用的主力军。在近十年关于研究"西部教师培训"的时间线图中,"均衡配置""缩小差距""培训需求""新任教师"和"策略研究"都成为教师培训关注的重要领域。

1. 满足了广大教师的培训需求,激发了学习热情

通过培训专家的精彩授课,教育故事的分享,使参训教师在师德、教育理念、专业知识领域、教学研究能力方面得到了不同程度的提升,唤醒了学员的学习热情,通过走进名校、同课异构、观摩学习,更加开阔了学员的视野,坚定了他们的职业信仰。宁夏盐池县长城希望小学的教师马荣芳在培训反思中写道:"培训中的每一件小事,都能让我得到反思提升。每一个学员身上的亮点都是我学习的榜样。通过培训,教学观念转变了,教学理论提升了……"①

2. 善用培训需求与调查强化培训针对性

大部分教师培训开展了相应的培训需求分析与实施效果调查。培训前针对培训意愿进行调查,随时掌握学员迫切需要了解的教学资源,使得课程的设计更有针对性和实效性。培训结束后开展效果反馈,针对反馈内容不断优化培训内容,形成了闭环管理系统,保证了培训的及时动态调整。

3. 给予不同层次教师个性化的培训机会

"国培计划"重点针对中西部教师开展培训,西部乡村教师因而能有更多的参训机会,在一定程度上缩小了东、西部教师专业发展上的差距。"国培计划"分门别类地设计培训课程,如农村青年教师置换脱产研修、农村骨干教师提升研修等,使得不同层次的教师能够接受个性化的培训,实现了不同层次教师的个性化成长。

## 二、西部乡村中小学教师培训现存问题综述

"国培计划"从2010年推广开始,不断强化"示范引领、促进改革"的作用,尤其是面对西部乡村教师专业发展,取得了较为明显的成效。但

---

①周福盛,吴红军. 西部农村教师培训的实践与研究 [M]. 银川:宁夏人民出版社,2014:52-53.

是，由于诸多因素的制约，也存在着一定的问题。

### （一）培训目标的预设与达成有一定差距

西部乡村地区培训对象大多来自偏远农村，教师专业水平普遍不高，培训目标有时过于理想化和空泛化，专家讲授内容较为实用，但以学员自身经验和知识储备还不能够完全消化、理解培训内容，培训目标很难有效达成。

### （二）培训内容的实践性和针对性有待加强

许多预设的培训内容理论上能够解决当前教学实际需要解决的问题，但往往忽略了学员的知识储备、内容的难易程度，授课教师理论讲解偏多，但实践操作较为薄弱，缺乏固定的教学实践基地，不能较好地满足受训教师的实际需求和心理预期。尤其是一些针对西部乡村教师的项目，培训内容针对性不强，城市化倾向严重，使得学员所学理论与实践不能有效结合起来，对于西部乡村地区的地域差异、人文特征关照不够。

### （三）部分教师专业发展的自觉性有待进一步提升

部分乡村教师的工作环境相对闭塞，他们缺乏专业成长的意愿，虽然重视专业发展，理论上也深知学习共同体的意义，但囿于生活环境和个人阅历，加之高强度的培训安排，部分参训教师倍感压力，出现消极负面情绪，培训效果大打折扣。

### （四）培训机构的建设有待进一步加强

"国培计划"一定程度上缓解了西部乡村教师在培训经费和专业能力方面的问题。但从培训学员的调查问卷来看，整体满意度偏低的是各培训机构用餐与住宿服务的质量，仅依靠高等师范院校和远程网络平台难以有效保障后勤服务质量。此外，培训机构对于学员的后续跟进和监管缺乏有效的回访机制，导致培训后期跟踪与支持乏力。

西部乡村中小学教师培训要以校为本，关注具体的需求，借助外力和内力，整合资源，在实践中学习，在学习中反思，针对乡村教师队伍庞大、青年教师专业素质亟待提高、薄弱学科教师培训、信息技术渗透课堂等现实需求，在培训中要体现出地方性、差异性与针对性。唯有如此，才能真正实现西部乡村教师专业发展由"输血"到"造血"的根本改变。

# 第二编　西部乡村中小学教师专业发展研究

# 第三章 西部乡村中小学教师专业发展：问题与建议

西部乡村地区既有与全国其他地区中小学教师专业发展相一致的共性问题，也有其个性问题。"教师也是西部大发展顺利进行的关键因素，关注和重视西部农村学校教师的生存状态是提升西部素质教育质量的重要保证，也将促进我国西部经济发展，社会和谐稳定。"[1] 但是近年来学界对于西部乡村中小学教师专业发展的关注程度不足，笔者以"西部中小学教师"为主题在中国知网进行检索（模糊查找），共检索到研究论文 248 篇，且研究成果在 2009 年达到峰值 30 篇以后，基本呈现逐年下降趋势（图 3 - 1），这从侧面反映了西部乡村中小学教师专业发展并未引起社会的持续关注。

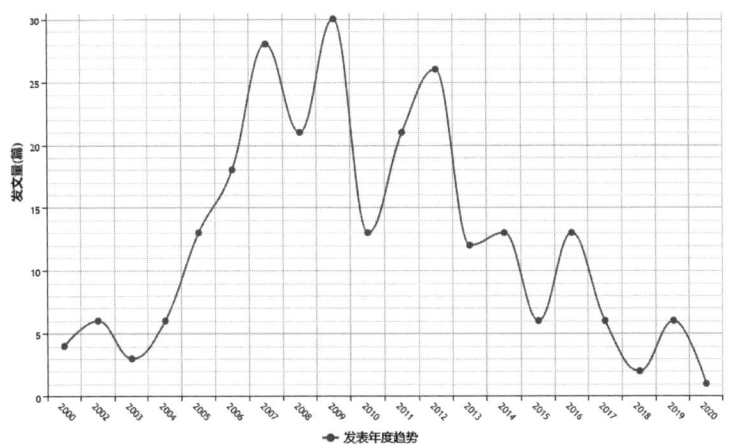

图 3 - 1 2000—2020 年与"西部中小学教师"相关的论文数量统计图

---

①苗承燕，王嘉毅. 西部贫困地区农村教师生存现状研究［J］. 基础教育，2011（6）：103 - 109.

## 一、西部乡村中小学教师专业发展存在的问题

课题组通过座谈交流、调查问卷等方式，联合全国中小学教师继续教育网、陕西师范大学、陕西学前师范学院、陇东学院、西藏民族大学、西华师范大学等高校，对 489 名西部乡村中小学教师进行专业发展状况调研，得出如下结论：

### （一）教师整体负担较重

整体而言，西部乡村中小学教师工作量较重：一方面，部分科目（如音乐、美术等）教师匮乏，部分教师要承担多学科教学工作任务，甚至在部分教学点出现"包班"现象，教师备课工作量明显增加，在青年教师群体中表现尤为明显。另一方面，各种形式的评比检查干扰了正常教学秩序，无形之中增加了教师的工作量。沉重的负担导致西部乡村教师缺少必要的学习和研修时间，面对个人的专业发展"心有余而力不足"，影响教育教学质量的整体提升。

### （二）教师素养差异较大

国务院办公厅印发的《乡村教师支持计划（2015—2020 年）》明确提出："到 2017 年，力争使乡村学校优质教师来源得到多渠道扩充，乡村教师资源配置得到改善，教育教学能力水平稳步提升，各方面合理待遇依法得到较好保障，职业吸引力明显增强，逐步形成'下得去、留得住、教得好'的局面。到 2020 年，努力造就一支素质优良、甘于奉献、扎根乡村的教师队伍，为基本实现教育现代化提供坚强有力的师资保障。"[①] 近年来，国家通过实施特岗、"西部计划""三支一扶"等多种形式，为西部乡村补充一批高素质教师，许多县区中学教师招聘已经开始要求研究生学历。

---

①乡村教师支持计划（2015—2020 年）［DB/OL］. http：//www. gov. cn/zhengce/content/2015－06/08/content_ 9833. htm.

　　课题组同时发现，教师学历差异较大，部分乡村学校教师第一学历为中等师范学校的现象较为普遍，甚至个别教师为民办教师转公办教师，第一学历构成复杂。在此背景下，教师素养呈现明显"两极分化"：一方面，新入职教师学历较高，具有较为完善的知识结构和良好的信息化教学能力，能够较为从容地应对教学中的新情况、新问题，如统编教科书容量较大、疫情中线上线下教学有机融合等状况；另一方面，部分老教师面对教学中各种新情况、新问题表现出明显的不适应，甚至无从下手，成为工作之中的"常态"，教育教学效率的提升更是无从谈起。此外，部分新入职教师在大学期间所学专业为非师范专业，或者在工作安排中出现"所教非所学"的状况，人为造成了教师新的"不适应"。

### （三）教师发展氛围较差

　　由于各种主客观条件，西部乡村中小学教师专业发展的氛围较差，主要表现为如下三个方面：

　　首先，校本研修氛围不浓。国内外大量研究表明，校本研修是提升教师专业能力的重要途径与手段。"校本研修是我国中小学教师专业生活的特色与常态，是中小学教师专业成长的主要途径，对于我国教师队伍的质量与稳定功不可没。"[①] 但由于各种因素制约，西部乡村中小学教师校本研修的开展状况不容乐观，主要表现为形式单一、内容随意，"同伴互助"在很多情况下沦为一句空话。

　　其次，外出培训机会较少。当前教师培训主要有两种形式：校内培训和外出培训。相较于校内培训，外出培训更加有助于教师开阔视野，学习先进的教学经验与管理方法。近年来，教育部与各级教育行政部门组织了"国培计划""省培计划"等多种多样的培训，有效缓解了教师外出培训机会缺乏的状况。但相对而言，该区域乡村教师外出培训的比例仍然偏低。

---

　　①李树培，魏非. 中小学校本研修的问题、缘由与路径［J］. 教师教育研究，2019（02）：37－41.

最后，专业发展通道不畅。在调研中，多位教师表示，专业发展通道不畅是制约该区域教师专业发展的重要因素。一方面，职称评审难度过大，且存在较为严重的"论资排辈"现象，青年教师的诸多努力敌不过年龄教龄的"一票否决"。同时，在职称评审过程中或多或少存在各种"潜规则"，风清气正的职称评审机制尚未完全建立，极易挫伤教师专业发展的积极性。另一方面，为西部乡村量身打造的荣誉体系尚未完全建立。教育行政部门、各类公益组织先后推出"乡村优秀青年教师培养奖励计划""马云乡村教师计划"等项目褒奖支持该区域教师专业成长，但整体而言存在覆盖范围小、持续性弱等问题。各地在评选教学能手、学科带头人、教学名师及特级教师时对该区域教师的关注度仍显不足。

### （四）教师离职意向较强

调研发现在各个学段都不同程度地存在着学校教师不安心从教的状况：其中小学教师占 40.9%，初中教师占 32.9%，高中教师占 32.7%。造成这种状况的原因主要有两个：首先，社会认可度低。教师距离受人尊重的体面工作仍有一定的距离，部分男教师在访谈中不无伤感地告诉课题组，从事教师职业想找一个合适的对象并不是一件容易的事情。其次，待遇不高。许多老师认为工资低，与非教师职业人员的工资差距大，甚至无法维持家庭的日常开销。同时由于学校地处偏远，环境较为艰苦，工作和生活条件较差，"周转房"不能得到高质量保障，部分教师开始怀疑职业价值，一些骨干教师流失。

## 二、西部乡村中小学教师专业发展的政策建议

当前，我国正处于实现中华民族伟大复兴中国梦的关键时期，习近平总书记多次强调，要做好乡村振兴这篇大文章，推动乡村产业、人才、文化、生态、组织等全面振兴。人才是脱贫攻坚、乡村振兴的基础和关键，教育是实现人才振兴的根本途径和重要保障。作为西部乡村教育发展的第一资源，教师队伍建设的重要性进一步凸显。为进一步推动该地区教师专业发展水平，提出如下政策建议：

### （一）千方百计减轻教师负担

针对当前教师负担，尤其是教学工作以外负担过重的状况，一方面，要严格落实各项政策制度。各地应严格落实中共中央办公厅《关于持续解决困扰基层的形式主义问题  为决胜全面建成小康社会提供坚强作风保证的通知》和教育部《关于减轻中小学教师负担  进一步营造教育教学良好环境的若干意见》等文件精神，努力引导全社会进一步理解教育工作、关心乡村中小学教师发展，共同营造良好的教育生态环境。另一方面，各地应因地制宜，创新教师编制和人事制度。盘活存量，优化结构，建立"地市统筹"的教师编制统筹机制，同时灵活使用"周转编制"，缓解部分县区教师"编制满员人不够用"的尴尬局面，为解决教师负担过重的问题提供充足的人员保障。

### （二）严把入口，提升教师学历

教师的学历层次是其综合素养的重要基础，"学历层次对通过教学方法所呈现的教学素养具有正相关的影响，学历层次同时也决定了不同层次的教师教学专业素养发展的基础。学历越高，教师自备资料与藏书的比例就越高；而学历越低，教师对教师用教学参考书的依赖就越大。"[①]  严把入口关，吸引更多高学历优秀人才进入教师队伍是提升教师素养的重要保障。

与此同时，鼓励各地开展形式多样的"公费师范生"培养，总结相关经验，如部属师范大学公费师范生制度，湖南第一师范学院开展的初中起点六年制公费师范生培养模式，从源头保证优秀学生考入师范院校，进而为教师队伍补充高质量的"新鲜血液"。

### （三）全力营造良好的发展环境

目前多数中小学教师都有专业发展的愿景，但苦于缺少良好的环境氛

---

[①]"全国中小学教师专业发展状况调查"项目组. 中国中小学教师专业发展状况调查与政策分析报告 [J]. 教育研究，2011 (3)：3–12.

围。要解决这一问题，首先，应立足教学实际开展校本研修。"教而不研则浅，研而不教则空"，引导教师进行本土化、针对性的研究活动，避免华而不实、空洞口号的研究。借助名师工作室等平台，利用信息化手段提升校本研修的实效性，为教师专业发展指明方向。其次，为教师提供多样化的培训机会。在积极争取各级教育行政部门提供的外出培训机会的同时，多方收集远程培训信息。如 2020 年 4 月 26 日，由华东师范大学主办的首届"基础教育中的教学创新：从线上教学到混合教学"云论坛即是一场高水平的培训活动，论坛探讨了混合教学的基本问题和核心问题，提出了具有创新思想的改进建议，对于更新教师教育教学理念，指导教学实践具有重要的启示。后疫情时代，随着 5G 技术的广泛运用，此类线上培训、论坛对于西部乡村教师弥合"数字鸿沟"，具有特殊的意义和价值。最后，努力创设更多的发展通道。一方面在职称评审过程中给予更多的政策倾斜，拓展教师岗位晋升空间。设置高级职称名额专设比例，实行名额专用制度，保障高级职称晋升机会。另一方面，在为乡村学校从教 30 年以上的教师颁发荣誉证书，从教 20 年以上、10 年以上的教师给予鼓励的基础上，在评选表彰先进、遴选教学能手（学科带头人、教学名师）时，给予政策性倾斜。

### （四）多措并举保持教师队伍稳定

实现西部乡村中小学教师"下得去、留得住、干得好"，需要社会各界的通力协作。当前做好两项工作刻不容缓：首先，提高教师经济待遇。近年来，国家多方筹措资金，提高中小学教师待遇。但是西部乡村中小学教师的整体待遇仍然偏低，社会保险、住房保障等问题没有得到有效解决。在中央财政投入和省级统筹的基础上，使中小学教师工资性收入在现有基础上基本翻番，才能真正实现习近平总书记提出的"让广大教师安心从教、热心从教、舒心从教、静心从教，让广大教师在岗位上有幸福感、事业上有成就感、社会上有荣誉感，让教师成为让人羡慕的职业"的目标。其次，加强培养大批具有浓郁乡土情怀、本土认同的优秀年轻教师，在高等师范院校中"开设乡土知识、乡村文化、乡村发展等课程，深刻了解乡村历史文化、民俗风情、乡村产业等，强化师范生融入乡村教育、服务乡村振兴的教育理想、信念和情怀。"① 为新时代西部乡村的教育发展铸就一支师德高尚、业务精湛、结构合理、充满活力的高水平教师队伍。

---

①焦以璇，柴葳. 打造高质量乡村教师队伍助力乡村振兴［N］. 中国教育报，2020 - 5 - 26（01）.

# 第四章 西部乡村中小学教师专业
# 自主发展意识问题研究报告

连片特困地区是伴随着国家扶贫战略深入推进而逐渐出现的概念，主要是指因自然、历史、民族、宗教、政治、社会等多种原因，一般经济增长不能带动、常规扶贫手段难以奏效、扶贫开发周期较长且贫困程度聚集较深的集中连片贫困地区和特殊困难地区，也称集中连片特殊困难地区。在《中国农村扶贫开发纲要（2011—2020年)》（以下简称《纲要》）中，主要将六盘山区、秦巴山区、武陵山区、乌蒙山区、滇桂黔石漠化区、滇西边境山区、大兴安岭南麓山区、燕山—太行山区、吕梁山区、大别山区、罗霄山区等区域的连片特困地区和已明确实施特殊政策的西藏、四川藏区、新疆南疆三地州，作为扶贫攻坚主战场。由于各种主、客观因素的交叉叠加，上述区域是典型的革命老区、边疆地区与民族地区融于一体的综合性特殊困难集中地。本报告中的西部乡村地区，主要涵盖《纲要》中的以六盘山区为中心的甘肃省部分地区、宁夏回族自治区、青海省的部分地区，以及陕西省的部分地区，但不包括该区域中的少数民族地区。

对于典型区域而言，促进域内政治、经济、社会、文化等方面的和谐与可持续发展，教育发展无疑应是重中之重，而促进教育发展的关键则是教师专业的深度发展、科学发展与可持续发展。长期以来，由于受主流教师专业发展范式所限，西部乡村中小学教师专业发展更多依赖政府主导的自上而下、由外而内的"他主"范式或"外铄"范式予以推动。不可否认，"他主"范式或"外铄"范式对域内的教师专业发展确实起到了举足轻重的奠基性作用，也为域内教师的群体性专业成长提供了强有力的外部支撑与制度保障。然而，深度倚重"他主"范式或"外铄"范式的教师专业发展，也暴露出诸多的发展局限与困境，甚至陷入了不同程度的发展"内卷"①。

专业焦虑、本领恐慌等情绪普遍存在于教师群体之中，影响教师的身心健康。在此状况下，如何释放与激发教师专业自主发展的活力与动力，更加有效地协同起"他主"发展与"自主"发展、"外铄"范式与"内生"范式的专业发展方式，有效拓展教师专业发展的路径与空间，持续提升教师专业发展的品质，是当前域内教师专业发展的重要内容与关键环节。这其中，自主发展意识又是居于教师专业自主发展核心位置的关键组成部分。为此，对于教师专业自主发展意识展开必要的研究就显得尤为紧迫，而且更具现实针对性及地域适切性。

## 一、教师专业自主发展意识的解读与结构分析

### （一）教师专业自主发展意识的解读

对于教师专业自主发展意识可以从两个方面予以剖析，即什么是"专业自主"与什么是"自主意识"。关于"专业自主"，理论界对此讨论较多。钟启泉教授曾指出，专业自主是指教师在其专业领域里依其专业智慧，包括课堂教学、学校或是组织决策，以维持其专业品质及不受非专业外界干预的状态。目前形成的较为一致认识是：教师把自身的发展当作自己认识的对象和自觉实践的对象；不断自我反省和反思，以批判的态度面对、审视自我和现实；独立于外在的压力，订立适合自己的专业发展目标和计划；有意愿和能力将所定目标和计划付诸实施；选择自己需要的学习内容和方式；自觉地实行自我发展管理等。② 对于"自主意识"，主要反

---

①社会学术语，主要是事物发展呈现出的有增长、无发展的内旋与缠绕状态，其中伴随着某种发展的内耗。

②袁玲俊. 论中小学教师专业自主发展意识的培养［J］. 宁波大学学报（教育科学版）2006（12）：58－60.

映的是人与自身的关系，是人主体意识的核心内涵。自主意识突出地表现为人是自然自我的主人，个体的存在体现在主体自我上。一方面，主体坚信自己的意志能够支配并掌控自己的生命活动，不迎合任何潮流，也不盲从于任何权威。在认识世界和改造世界的活动中，主体能够按照自己所理解的方式去思考、去认识、去行动。同时，人对于自身的自主意识还表现为主体对自己的心理和行为自觉掌握与控制意识，其中最主要的是对自己的情感、情绪和欲望的合理把握、控制与调节，并最终形成正确的自我认知、职业认同、价值尊重，以及人生定位。

依据上述两个方面的理解，教师专业自主发展意识是教师专业自主发展中的重要方面，即教师在其专业成长过程中受内驱力所使而表现出来的主动发展意愿或发展心向，也是指教师在专业生活中，其发展动力来自个体内在的发展能动性与内驱力，它是建立在教师个人对自己所从事职业的正确认识基础上，为获得自身专业发展而不断地自主学习与自觉调整、完善自身教育教学理念与行为的意识，并对自我的实践活动及教育观念持续反思的高级心理活动或明显的心理倾向。自主发展意识引领下的教师专业发展是教师独立于外在压力之下的内在驱动使然，亦是教师专业发展的自觉、自信与自为的聚合，更多的是体现出一种积极主动的发展，而不是被动的应付与消极的应对。

**（二）教师专业自主发展意识的结构分析**

由于自主发展主要体现出教师专业发展的内在驱动，其不但体现在自主发展的发展行为当中，也体现在自主发展的发展意识之中。与此同时，发展意识又是发展行为的先导、前提和基础，这就使得自主发展意识自然而然地成为教师专业自主发展的核心。就自主发展意识而言，既孕育在一个不断变化的进程之中，又建立在相关的专业发展内容之上。因此，对于教师专业自主发展意识的研究，就可以从不同维度予以分析解读。在时间上，教师自主专业发展意识主要指教师对过去自身专业发展情况的总结意识、对现阶段自身专业发展态势的审视意识，以及对未来自身专业发展的规划意识等三个方面；在内容上，教师自主专业发展意识又体现在专业道德与精神、教学科研能力、专业知识，以及专业理念等方面；自主发展意识也可以从教师的自我概念、职业信念、自主动机、专业认知等心理维度予以解释。鉴于以上分析，本研究中对于教师专业自主发展意识的理解，偏重采用心理学中对于自主发展意识的理解，注重从教师的自我概念、职业信念、专业认知、自主动机等四个维度对教师专业自主发展意识进行操作性理解，从而尝试着整体性诠释教师专业自主发展意识的全貌。

## 二、研究对象与方法选择

### （一）研究对象的选择

基于本研究所属的区域性特点，本研究采用典型抽样与随机抽样相结合的方式，主要选取了甘肃省兰州市的榆中县、定西市的会宁县和漳县、庆阳市的环县和华池县，宁夏回族自治区中卫市的海原县、固原市的西吉县及泾源县，陕西省宝鸡市的扶风县及青海省的湟源县和湟中县，对于域内2000名中小学教师实施了调查研究，共计发放调查问卷2000份，剔除无效问卷及作答不合规范的问卷546份，回收有效问卷1454份，问卷回收率为72.7%，并对域内少部分教师进行了访谈，借以验证问卷调查结果的真实性。具体调查样本情况如下表（表4-1）：

表4-1　调查样本情况分布表

| 项　目 | | 人数 | 占比（%） | 项　目 | | 人数 | 占比（%） |
|---|---|---|---|---|---|---|---|
| 教师性别 | 男 | 640 | 44.0 | 是否班主任 | 是 | 848 | 58.3 |
| | 女 | 814 | 56.0 | | 否 | 606 | 41.7 |
| 教师年龄（岁） | ≤30 | 522 | 35.9 | 教师教龄（年） | ≤5 | 366 | 25.2 |
| | 31~40 | 564 | 38.8 | | 6~10 | 490 | 33.7 |
| | 41~50 | 292 | 20.2 | | 11~20 | 358 | 24.6 |
| | ≥51 | 74 | 5.1 | | ≥21 | 240 | 16.5 |
| 教师学历 | 中专/高中 | 44 | 3.0 | 教师职称 | 初级 | 606 | 41.7 |
| | 大学大专 | 338 | 23.2 | | 中级 | 542 | 37.3 |
| | 大学本科 | 1008 | 69.3 | | 高级 | 214 | 14.7 |
| | 研究生 | 64 | 4.4 | | 其他 | 92 | 6.3 |

| 项 目 | | 人数 | 占比(%) | 项 目 | | 人数 | 占比(%) |
|---|---|---|---|---|---|---|---|
| 学校所在地 | 市区 | 96 | 6.6 | 教师收入（元/月） | ≤1000 | 8 | 0.6 |
| | 县域 | 430 | 29.6 | | 1001～2000 | 160 | 11.0 |
| | 乡镇 | 928 | 64.8 | | 2001～3000 | 936 | 64.4 |
| 教师类型 | 小学教师 | 670 | 46.1 | | 3001～4000 | 306 | 21.0 |
| | 初中教师 | 382 | 26.3 | | ≥4001 | 44 | 3.0 |
| | 高中教师 | 388 | 26.7 | 教师所在学校建校历史（年） | ≤10 | 144 | 9.9 |
| 学校规模（班） | ≤12 | 580 | 39.9 | | 11～25 | 424 | 29.2 |
| | 13～24 | 462 | 31.8 | | 26～40 | 384 | 26.4 |
| | 25～50 | 286 | 19.7 | | ≥41 | 478 | 32.9 |
| | ≥50 | 126 | 8.7 | | | | |

注：本书中凡表示教师年龄、教龄、工资、学校建校时间的数据均只取整数。

## （二）研究方法与数据处理

本研究主要采用何娟编制的《教师专业自主发展意识问卷》[1]，并对其中的部分维度做了适度调整与完善。问卷共计 48 道题目，包括自我概念、职业信念、专业认知、自主动机等四个维度。对于问卷所获数据的录入，问卷采用 likter 5 点方式进行计分，非常不符合计为 1 分，较不符合计为 2 分，符合计为 3 分，较符合计为 4 分，非常符合计为 5 分，问卷的内部一致性系数（α）为 0.950，各份问卷的 α 系数介于 0.878～0.938 之间，均满足心理测量学的要求。对于所获数据，采用 spss19.0 统计软件进行了统计与分析。

## 三、研究结果

## （一）关于教师自我概念的整体分析

1. 不同年龄阶段的教师自我概念的差异分析

如表 4 - 2 所示，对于不同年龄阶段教师的自我概念的方差分析，根

---

[1]何娟. 初中教师专业自主发展意识与教学反思素养的相关研究［D］. 延边：延边大学，2013.

据事后检验发现，年龄在 30 岁及以下的教师分别与年龄介于 31～40、41～50 的教师在自我概念上有显著差异；对于不同年龄阶段教师的自我角色方差分析，根据事后检验发现，年龄在 30 岁及以下的教师分别与年龄介于 31～40、41～50、51 岁以上的教师有显著差异；在自我判断的维度上，根据事后检验发现，年龄在 30 岁及以下的教师与年龄介于 31～40 的教师有显著差异。

表 4-2　不同年龄阶段教师自我概念的差异分析

|  | 30 岁及以下 | 31～40 岁 | 41～50 岁 | 51 岁以上 | $F$ | $P$ |
|---|---|---|---|---|---|---|
| 自我概念 | 3.66±0.66 | 3.97±0.71 | 3.87±0.76 | 4.00±0.85 | 8.95 | 0.00 |
| 自我角色 | 3.70±0.89 | 4.04±0.86 | 3.95±0.88 | 4.05±0.88 | 7.75 | 0.00 |
| 自我判断 | 3.65±0.66 | 3.93±0.76 | 3.82±0.78 | 3.97±0.91 | 7.19 | 0.00 |

2. 不同学历的教师自我概念的差异分析

如表 4-3 所示，方差分析结果显示，不同学历的教师自我概念存在显著差异（$F=5.38$，$P<0.01$）。根据事后检验发现，大专学历的教师自我概念的得分显著高于中专、本科学历的教师；在自我角色维度上，大专学历的教师的自我概念显著高于中专、本科学历、研究生学历的教师；在自我判断的维度上，大专学历的教师显著高于中专学历的教师。中专、本科、研究生学的历教师的自我概念不存在显著差异。由此可见，在各层次学历的教师中，大专学历的教师的自我概念最为明确清晰。

表 4-3　不同学历教师自我概念的差异分析

|  | 中专/高中 | 大专 | 本科 | 研究生 | $F$ | $P$ |
|---|---|---|---|---|---|---|
| 自我概念 | 3.68±0.94 | 4.03±0.72 | 3.78±0.71 | 3.83±0.64 | 5.38 | 0.001 |
| 自我角色 | 3.66±1.16 | 4.11±0.85 | 3.85±0.86 | 3.70±1.04 | 4.75 | 0.003 |
| 自我判断 | 3.69±0.93 | 3.99±0.75 | 3.75±0.73 | 3.89±0.71 | 4.83 | 0.002 |

3. 不同教龄的教师自我概念的差异分析

如表 4-4 所示，对于不同教龄的教师自我概念做方差分析，结果显示差异显著（$F=6.33$，$P<0.01$）。根据事后检验发现，教龄在 5 年以下的教师分别与教龄在 11 ~ 20、21 年以上的教师在自我概念上有显著差异，前者显著低于后两者；在自我角色的维度上，教龄在 5 年以下的教师得分显著低于教龄在 11 ~ 20、21 年以上的教师，教龄在 6 ~ 10 与 11 ~ 20 年的教师在自我角色维度上也有差异，前者显著低于后者；在自我判断的维度上，5 年以下教龄的教师得分显著低于 6 ~ 10、11 ~ 20、21 年以上教龄的教师，6 ~ 10、11 ~ 20、21 年以上教龄的教师之间不存在显著差异。总体上，教龄越长，教师自我概念得分越高。

表 4 - 4　不同教龄的教师自我概念的差异分析

|  | ≤5 年 | 6 ~ 10 年 | 11 ~ 20 年 | ≥21 年 | $F$ | $P$ |
|---|---|---|---|---|---|---|
| 自我概念 | 3.66 ± 0.65 | 3.82 ± 0.68 | 3.96 ± 0.74 | 3.95 ± 0.84 | 6.33 | 0.001 |
| 自我角色 | 3.73 ± 0.91 | 3.84 ± 0.84 | 4.07 ± 0.87 | 4.02 ± 0.90 | 5.74 | 0.001 |
| 自我判断 | 3.63 ± 0.63 | 3.81 ± 0.72 | 3.90 ± 0.77 | 3.91 ± 0.88 | 5.22 | 0.001 |

4. 不同职称的教师自我概念的差异分析

如表 4 - 5 所示，对于不同职称的教师的自我概念做方差分析，结果显示差异显著（$F=4.00$，$P<0.01$）。根据事后检验发现，初级职称的教师与中级职称的教师在自我概念上有显著差异，前者得分显著低于后者；在自我角色的维度上，初级教师与中级教师有显著差异，前者得分显著低于后者；在自我判断维度上，初级教师得分显著低于中级、高级教师。中级、高级教师的自我概念不存在显著差异。

表 4 - 5　不同职称的教师自我概念的差异分析

|  | 初级 | 中级 | 高级 | 其他 | $F$ | $P$ |
|---|---|---|---|---|---|---|
| 自我概念 | 3.73 ± 0.72 | 3.94 ± 0.74 | 3.89 ± 0.68 | 3.84 ± 0.69 | 4.00 | 0.008 |
| 自我角色 | 3.77 ± 0.90 | 4.04 ± 0.86 | 3.86 ± 0.93 | 4.03 ± 0.75 | 4.62 | 0.003 |
| 自我判断 | 3.71 ± 0.73 | 3.89 ± 0.77 | 3.90 ± 0.72 | 3.74 ± 0.74 | 3.35 | 0.019 |

5. 不同学科的教师自我概念的差异分析

如表 4 - 6 所示，对于不同任教学科的教师的自我概念进行方差分析，结果显示差异显著（$F = 5.46$，$P < 0.001$）。根据事后检验发现，不同学科的教师在自我概念上均有差异：语文教师的自我概念显著高于其他各学科教师，语文、数学、英语教师的自我概念显著高于政治、历史、地理教师；在自我角色的维度上，语文教师得分显著高于物理、化学及政史地教师；在自我判断维度上，政史地教师得分显著低于语文、数学、英语、物理、化学教师。

表 4 - 6　不同学科的教师自我概念的差异分析

|  | 语文 | 数学 | 英语 | 理化 | 政史地 | 其他 | $F$ | $P$ |
|---|---|---|---|---|---|---|---|---|
| 自我概念 | 3.97 ± 0.70 | 3.81 ± 0.75 | 3.82 ± 0.73 | 3.74 ± 0.69 | 3.47 ± 0.67 | 3.64 ± 0.60 | 5.46 | 0.00 |
| 自我角色 | 4.03 ± 0.84 | 3.87 ± 0.91 | 3.86 ± 0.90 | 3.71 ± 0.79 | 3.65 ± 1.03 | 4.00 ± 0.76 | 2.84 | 0.015 |
| 自我判断 | 3.94 ± 0.73 | 3.79 ± 0.75 | 3.80 ± 0.74 | 3.76 ± 0.77 | 3.38 ± 0.67 | 3.47 ± 0.69 | 6.40 | 0.00 |

6. 不同规模学校的教师的自我概念差异分析

对于不同学校规模教师的自我概念进行方差分析，结果如表 4 - 7 所示。根据事后检验发现，所在学校规模在 12 个班及以下的教师与所在学校规模为 13 ~ 24 个班的教师的自我概念有显著差异，前者得分显著低于后者；在自我角色的维度上，所在学校规模在 12 个班及以下的教师与所在学校规模为 13 ~ 24、25 ~ 50 个班的教师的得分有显著差异，前者得分显著低于后两者；在自我判断的维度上，事后检验发现，所在学校规模在 13 ~ 24 个班的教师的得分显著高于所有学校规模在 12 个班及以下和 50 个班及以上的教师。由以上分析可知，学校规模过小（12 个班及以下）或过大（50 个班及以上）都不利于教师自我概念的形成。

表 4 - 7　不同规模学校的教师的自我概念差异分析

|  | ≤12 个班 | 13 ~ 24 个班 | 25 ~ 50 个班 | ≥51 个班 | $F$ | $P$ |
|---|---|---|---|---|---|---|
| 自我概念 | 3.72 ± 0.69 | 3.98 ± 0.71 | 3.85 ± 0.79 | 3.81 ± 0.72 | 5.68 | 0.001 |
| 自我角色 | 3.74 ± 0.88 | 4.05 ± 0.86 | 3.98 ± 0.91 | 3.91 ± 0.86 | 5.69 | 0.001 |
| 自我判断 | 3.71 ± 0.69 | 3.95 ± 0.73 | 3.78 ± 0.82 | 3.76 ± 0.80 | 4.62 | 0.003 |

7. 不同建校历史学校的教师的自我概念差异分析

对于不同建校历史学校的教师的自我概念进行方差分析，结果如表4-8所示。所在学校建校时间长短不同的教师自我概念存在显著差异（$F = 7.16, P < 0.001$）。事后检验发现，所在学校建校历史在11~25年的教师的自我概念分别与所在学校建校历史在26~40年、41年及以上的教师在自我概念的得分上有显著差异，前者显著低于后两者；在自我角色的维度上，事后检验发现，所在学校建校历史在11~25年的教师的得分显著低于所在学校建校历史为26~40年、41年及以上的教师；在自我判断的维度上，事后检验发现，所在学校建校历史在41年及以上的教师的得分与所在学校建校历史在10年及以下、11~25年的教师有显著差异，前者的得分显著高于后两者。总体而言，建校26年及以上学校的教师自我概念得分显著高于建校25年及以下学校的教师。

表4-8　不同建校历史学校的教师的自我概念差异分析

|  | ≤10 年 | 11~25 年 | 26~40 年 | ≥41 年 | $F$ | $P$ |
|---|---|---|---|---|---|---|
| 自我概念 | 3.76±0.58 | 3.66±0.71 | 3.87±0.72 | 3.96±0.75 | 7.16 | 0.00 |
| 自我角色 | 3.94±0.81 | 3.60±0.87 | 3.97±0.89 | 4.07±0.86 | 11.88 | 0.00 |
| 自我判断 | 3.68±0.65 | 3.69±0.72 | 3.82±0.74 | 3.91±0.79 | 4.01 | 0.00 |

8. 不同所在地学校教师自我概念的差异分析

如表4-9所示，由方差分析可知，不同地区学校的教师的自我概念存在显著差异（$F = 14.50, P < 0.001$）。事后检验发现，市区学校的教师的自我概念得分显著高于县城、乡镇学校的教师，县城学校的教师自我概念得分显著高于乡镇学校的教师；在自我角色的维度上，不同所在地学校的教师的得分有显著差异：市区学校的教师＞县城学校的教师＞乡镇学校的教师；在自我判断的维度上，事后检验发现，不同所在地学校的教师的得分有显著差异：市区学校的教师＞县城学校的教师＞乡镇学校的教师。

表 4 - 9　不同所在地学校教师自我概念的差异分析

|  | 市区 | 县城 | 乡镇 | $F$ | $P$ |
|---|---|---|---|---|---|
| 自我概念 | 4. 27 ± 0. 77 | 3. 93 ± 0. 72 | 3. 75 ± 0. 70 | 14. 50 | 0. 00 |
| 自我角色 | 4. 38 ± 0. 86 | 4. 03 ± 0. 89 | 3. 80 ± 0. 86 | 13. 15 | 0. 00 |
| 自我判断 | 4. 21 ± 0. 82 | 3. 88 ± 0. 77 | 3. 73 ± 0. 71 | 11. 15 | 0. 00 |

9. 男女教师及是否为班主任的教师自我概念的 $T$ 检验

如表 4 - 10 所示，男女教师在自我概念及自我角色、自我判断的维度上均不存在显著差异（$P > 0.05$）。班主任教师与非班主任教师在自我概念及其他两个维度上不存在显著差异（$P > 0.05$），在自我角色维度上的得分差异显著。

表 4 - 10　男女教师及是否为班主任的自我概念的 T 检验

|  | 性别 | | | | 是否为班主任 | | | |
|---|---|---|---|---|---|---|---|---|
|  | 男 | 女 | $T$ | $P$ | 是 | 否 | $T$ | $P$ |
| 自我概念 | 3. 82 ± 0. 73 | 3. 85 ± 0. 72 | ~0. 496 | 0. 577 | 3. 80 ± 0. 74 | 3. 89 ± 0. 70 | ~1. 591 | 0. 256 |
| 自我角色 | 3. 91 ± 0. 87 | 3. 89 ± 0. 90 | 0. 203 | 0. 674 | 3. 86 ± 0. 91 | 3. 95 ± 0. 86 | ~1. 377 | 0. 038 |
| 自我判断 | 3. 78 ± 0. 76 | 3. 83 ± 0. 74 | ~0. 841 | 0. 465 | 3. 77 ± 0. 75 | 3. 86 ± 0. 75 | ~1. 492 | 0. 957 |

### （二）关于教师职业信念的整体分析

1. 不同年龄教师职业信念的差异分析

由表 4 - 11 可以看出，不同年龄的教师的职业信念存在显著差异（$F = 3.45, P = 0.02$）。事后检验发现，30 岁及以下和 50 岁及以上的教师的职业信念存在显著差异；31 ~ 40 岁之间和 51 岁及以上的教师的职业信念存在显著差异；41 ~ 50 岁之间和 51 岁及以上的教师的职业信念存在显著差异。51 岁及以上的教师的职业信念显著强于 30 岁及以下、31 ~ 40 岁、41 ~ 50 岁的教师。

表4-11 不同年龄的教师职业信念的差异分析

|  | ≤30 岁 | 31~40 岁 | 41~50 岁 | ≥51 岁 |
|---|---|---|---|---|
| 职业信念 | 3.72±0.76 | 3.72±0.82 | 3.63±0.88 | 4.11±0.91 |
| 职业爱好 | 3.66±0.83 | 3.61±0.97 | 3.60±1.00 | 4.14±0.93 |
| 能力信念 | 3.79±0.79 | 3.88±0.84 | 3.67±0.89 | 4.07±0.92 |

在职业爱好的子维度上,不同教龄的教师存在显著差异($F=3.80$,$P=0.01$)。事后检验发现,30岁及以下和51岁及以上的教师职业爱好存在显著差异;31~40岁和51岁及以上的教师的职业爱好存在显著差异;41~50岁和51岁及以上的教师的职业爱好存在显著差异,即51岁及以上和30岁及以下、31~40岁、41~50岁的教师的职业爱好均存在显著差异。

不同教龄的教师的能力信念存在显著差异($F=3.30$,$P=0.02$),事后检验发现,31~40岁和41~50岁的教师的能力信念存在显著差异;41~50岁和51岁及以上的教师的能力信念存在显著差异。

2. 不同学历的教师职业信念的差异分析

由表4-12可以看出,不同学历的教师的职业信念存在显著差异($F=3.37$,$P=0.01$),大专学历的教师和本科学历的教师之间的职业信念存在显著差异,其他学历之间均不存在差异。不同学历的教师的职业爱好也存在差异($F=3.99$,$P=0.01$),事后检验发现,大专学历的教师和本科学历的教师之间存在显著差异,其他学历在职业爱好方面均不存在显著差异。不同学历教师的能力信念不存在显著差异($F=2.20$,$P=0.09$)。

表4-12 不同学历的教师职业信念的差异分析

|  | 中专/高中 | 大专 | 本科 | 研究生 |
|---|---|---|---|---|
| 职业信念 | 3.69±1.13 | 3.90±0.78 | 3.66±0.82 | 3.78±0.80 |
| 职业爱好 | 3.67±1.18 | 3.86±0.90 | 3.58±0.92 | 3.70±1.09 |
| 能力信念 | 3.71±1.14 | 3.95±0.79 | 3.77±0.84 | 3.89±0.84 |

3. 不同职称的教师职业信念的差异分析

由表4-13可以看出,不同职称的教师职业信念之间存在显著差异

（$F=4.44$，$P=0.00$）。事后检验发现，初级与中级职称的教师之间存在显著差异；初级与高级职称的教师之间在职业信念上存在显著差异；初级与其他职称的教师之间存在显著差异。不同职称的教师的职业爱好也存在显著差异（$F=4.24$，$P=0.01$）。事后检验发现，初级与中级职称的教师在职业爱好上存在显著差异；初级与高级职称的教师在职业爱好上存在显著差异。不同职称的教师的能力信念存在显著差异（$F=3.50$，$P=0.02$）。事后检验发现，初级与高级职称的教师之间在能力信念上存在显著差异，其他各职称的教师之间均不存在显著差异。

表4-13　不同职称的教师职业信念的差异分析

|  | 初级 | 中级 | 高级 | 其他 |
|---|---|---|---|---|
| 职业信念 | $3.40\pm0.78$ | $3.78\pm0.85$ | $3.86\pm0.75$ | $3.86\pm0.95$ |
| 职业爱好 | $3.50\pm0.87$ | $3.73\pm0.96$ | $3.80\pm0.94$ | $3.73\pm1.10$ |
| 能力信念 | $3.71\pm0.81$ | $3.84\pm0.90$ | $3.94\pm0.73$ | $4.03\pm0.89$ |

4. 不同所在地学校的教师职业信念的差异分析

由表4-14可以看出，不同所在地学校的教师的职业信念存在显著差异（$F=3.60$，$P=0.02$）。事后检验发现，市区和乡镇学校的教师的职业信念有显著差异。不同所在地学校的教师在职业爱好方面也存在显著差异（$F=3.36$，$P=0.02$）。事后检验发现，市区学校的教师与乡镇学校的教师之间存在着显著差异；县城学校的教师与乡镇学校的教师之间存在显著差异；县城学校的教师与市区学校的教师之间存在着显著差异。不同所在地学校的教师在能力信念方面也存在显著差异（$F=3.46$，$P=0.02$）。事后检验发现，市区学校的教师与乡镇学校的教师之间存在显著差异。

表4-14　不同所在地学校的教师职业信念的差异分析

|  | 市区 | 县城 | 乡镇 |
|---|---|---|---|
| 职业信念 | $4.00\pm0.92$ | $3.75\pm0.80$ | $3.68\pm0.82$ |
| 职业爱好 | $3.98\pm1.04$ | $3.65\pm0.99$ | $3.62\pm0.89$ |
| 能力信念 | $4.02\pm0.88$ | $3.89\pm0.80$ | $3.76\pm0.85$ |

5. 不同规模学校的教师职业信念的差异分析

由表 4 – 15 可以看出，不同学校规模的教师的职业信念存在显著差异（$F = 5.98$，$P = 0.00$）。事后检验发现，所在学校规模为 13 ~ 24 个班的教师与所在学校规模为 12 个班及以下、25 ~ 50 个班、51 个班及以上的教师在职业理念上均存在显著差异。不同规模学校的教师的职业爱好也存在显著差异（$F = 5.94$，$P = 0.00$）。事后检验发现，所在学校规模为 13 ~ 24 个班的教师与所在学校规模为 12 个班及以下、25 ~ 50 个班、51 个班及以上的教师在职业爱好上均存在显著差异。不同规模学校的教师在能力信念之间存在显著差异（$F = 4.95$，$P = 0.00$）。事后检验发现，所在学校为 13 ~ 24 个班的教师与所在学校规模为 12 个班及以下、25 ~ 50 个班、51 个班及以上的教师在能力信念上均存在显著差异。

表 4 – 15　不同规模学校的教师职业信念的差异分析

|  | ≤12 个班 | 13 ~ 24 个班 | 25 ~ 50 个班 | ≥51 个班 |
|---|---|---|---|---|
| 职业信念 | 3.65 ± 0.79 | 3.90 ± 0.78 | 3.67 ± 0.86 | 3.52 ± 0.93 |
| 职业爱好 | 3.60 ± 0.87 | 3.85 ± 0.87 | 3.53 ± 1.01 | 3.42 ± 1.11 |
| 能力信念 | 3.71 ± 0.85 | 3.97 ± 0.81 | 3.85 ± 0.84 | 3.65 ± 0.87 |

6. 不同建校历史学校的教师职业信念的差异分析

由表 4 – 16 可以看出不同建校历史学校的教师的职业信念存在显著差异（$F = 5.08$，$P = 0.00$）。事后检验发现，建校 11 ~ 25 年学校的教师与建校 26 ~ 40 年、41 年及以上学校的教师在职业信念上存在显著差异。不同建校历史学校的教师的职业爱好存在显著差异（$F = 4.00$，$P = 0.01$）。事后检验发现，建校 11 ~ 25 年学校的教师与建校 26 ~ 40 年学校的教师在职业爱好上存在显著差异。不同建校历史学校的教师的能力信念存在显著差异（$F = 6.19$，$P = 0.00$），事后检验发现，建校 11 ~ 25 年与建校 26 ~ 40 年、41 年及以上学校的教师在职业理念上存在显著差异。

表 4-16　　不同建校历史学校的教师职业信念的差异分析

| | ≤10 年 | 11～25 年 | 26～40 年 | ≥41 年 |
|---|---|---|---|---|
| 职业信念 | 3.68±0.79 | 3.55±0.74 | 3.83±0.77 | 3.80±0.89 |
| 职业爱好 | 3.54±0.99 | 3.51±0.84 | 3.80±0.87 | 3.71±1.00 |
| 能力信念 | 3.88±0.82 | 3.61±0.78 | 3.87±0.81 | 3.92±0.89 |

7. 不同学科的教师职业信念的差异分析

由表 4-17 可以看出，不同学科的教师的职业信念存在显著差异 ($F=7.58, P=0.00$)。事后检验发现，语文教师和理化与政史地教师、数学和政史地教师、英语教师和理化、政史地教师在职业信念上均存在显著差异。不同学科的教师的职业爱好存在显著差异 ($F=7.43, P=0.00$)。事后检验发现，语文教师和理化、政史地教师、数学和政史地教师、英语教师和理化、政史地教师在职业爱好上均存在显著差异。不同学科的教师的能力信念存在显著差异 ($F=5.60, P=0.00$)。事后检验发现，语文教师与其他各学科教师、数学教师与政史地教师、英语教师与语文、政史地教师在能力信念上存在着显著差异。

表 4-17　　不同学科的教师职业信念的差异分析

| | 语文 | 数学 | 英语 | 理化 | 政史地 | 其他 |
|---|---|---|---|---|---|---|
| 职业信念 | 3.86±0.83 | 3.73±0.79 | 3.77±0.74 | 3.45±0.87 | 3.22±0.81 | 3.45±0.82 |
| 职业爱好 | 3.79±0.95 | 3.66±0.95 | 3.75±0.79 | 3.38±0.95 | 3.06±0.90 | 3.48±0.92 |
| 能力信念 | 3.96±0.82 | 3.83±0.76 | 3.79±0.83 | 3.63±0.91 | 3.42±0.97 | 3.40±0.83 |

### （三）关于教师专业认知的整体分析

1. 不同建校历史学校的教师的专业认知差异分析

如表 4-18 所示，不同建校历史学校的教师专业认知存在显著差异 ($F=7.52, P=0.000, P<0.001$)。事后检验发现，建校 11～25 年学校的教师专业认知低于其他学校的教师。不同建校历史学校的教师的自主认知存在显著差异 ($F=11.62, P=0.000, P<0.001$)。事后检验发现，建校

11～25年学校的教师的自主认知水平低于其他学校；不同建校历史学校的教师的自主策略不存在显著差异。不同建校历史学校的教师的自主性也不存在显著差异。

表4－18　不同建校历史学校的教师的专业认知的差异分析

| | ≤10 年 | 11～25 年 | 26～40 年 | ≥41 年 | $F$ | $P$ |
|---|---|---|---|---|---|---|
| 专业认知 | 3.66±0.71 | 3.64±0.65 | 3.86±0.65 | 3.91±0.74 | 7.52 | 0.000 |
| 自主认知 | 3.71±0.74 | 3.66±0.67 | 3.93±0.69 | 4.02±0.76 | 11.62 | 0.000 |
| 自主策略 | 3.57±0.72 | 3.59±0.71 | 3.76±0.73 | 3.77±0.81 | 3.38 | 0.018 |
| 自主性 | 3.66±0.84 | 3.66±0.75 | 3.77±0.83 | 3.72±0.83 | 1.11 | 0.344 |

2. 不同规模学校的教师的专业认知差异分析

如表4－19所示，对不同规模学校的教师的专业认知进行方差分析得出，不同规模学校的教师的专业认知、自主认知、自主策略、自主性之间均存在显著差异。事后检验发现，所在学校规模为12个班及以下的教师专业认知、自主认知、自主策略、自主性均低于学校规模在13～24个班的教师，后者的专业认知及其三个子维度的水平都是最高的。

表4－19　不同规模学校的教师的专业认知差异分析

| | ≤12 个班 | 13～24 个班 | 25～50 个班 | ≥51 个班 |
|---|---|---|---|---|
| 专业认知 | 3.73±0.67 | 3.88±0.68 | 3.83±0.72 | 3.74±0.70 |
| 自主认知 | 3.79±0.79 | 3.93±0.71 | 3.93±0.77 | 3.82±0.79 |
| 自主策略 | 3.62±0.74 | 3.81±0.71 | 3.73±0.78 | 3.58±0.82 |
| 自主性 | 3.70±0.81 | 3.83±0.85 | 3.65±0.82 | 3.73±0.82 |

3. 不同教龄的教师的专业认知差异分析

如表4－20所示，不同教龄的教师在专业认知及自主认知、自主策略、自主性三个子维度上均不存在显著差异。

表4-20 不同教龄的教师的专业认知差异分析

| | ≤5年 | 6~10年 | 11~20年 | ≥21年 | $F$ | $P$ |
|---|---|---|---|---|---|---|
| 专业认知 | 3.75±0.63 | 3.76±0.65 | 3.84±0.70 | 3.90±0.70 | 1.62 | 0.183 |
| 自主认知 | 3.78±0.67 | 3.82±0.70 | 3.95±0.74 | 3.95±0.83 | 2.61 | 0.050 |
| 自主策略 | 3.70±0.70 | 3.6±0.76 | 3.67±0.84 | 3.95±0.73 | 1.76 | 0.160 |
| 自主性 | 3.73±0.75 | 3.71±.0.78 | 3.72±0.83 | 3.82±1.00 | 0.49 | 0.687 |

4. 不同年龄的教师的专业认知差异分析

如表4-21所示，不同年龄的教师的专业认知之间存在显著差异（$F=4.05$，$P=0.007$，$P<0.05$）。事后检验发现，30岁及以下的教师专业认知低于其他年龄的教师，51岁及以上的教师的专业认知高于其他年龄的教师。不同年龄的教师在自主认知上存在显著差异（$F=5.06$，$P=0.002$，$P<0.05$）。事后检验发现，30岁及以下的教师的专业自主认知低于其他年龄的教师，51岁及以上的教师的专业自主认知高于其他年龄的教师。不同年龄的教师的自主策略之间不存在显著差异（$F=2.01$，$P=0.11$）。不同年龄的教师在自主性上存在显著差异（$F=2.97$，$P=0.031$，$P<0.05$）。事后检验发现，51岁及以上的教师专业自主性水平高于其他年龄的教师。

表4-21 不同年龄的教师的专业认知差异分析

| | ≤30岁 | 31~40岁 | 41~50岁 | ≥50岁 | $F$ | $P$ |
|---|---|---|---|---|---|---|
| 专业认知 | 3.72±0.64 | 3.85±0.68 | 3.76±0.75 | 4.09±0.83 | 4.05 | 0.007 |
| 自主认知 | 3.76±0.69 | 3.95±0.71 | 3.82±0.76 | 4.14±0.82 | 5.06 | 0.002 |
| 自主策略 | 3.67±0.70 | 3.70±0.74 | 3.68±0.81 | 3.99±0.90 | 2.01 | 0.110 |
| 自主性 | 3.68±0.75 | 3.77±0.83 | 3.67±0.90 | 4.08±0.96 | 2.97 | 0.031 |

5. 不同学历的教师的专业认知差异分析

如表4-22所示，不同学历的教师在专业认知上不存在显著差异（$F=0.36$，$P=0.786$，$P<0.05$）。不同学历的教师在自主认知上不存在显著差异（$F=0.75$，$P=0.524$，$P<0.05$）。不同学历的教师在自主策略上

不存在显著差异（$F = 1.0$，$P = 0.394$，$P < 0.05$）。不同学历的教师在自主性上不存在显著差异（$F = 0.08$，$P = 0.499$，$P < 0.05$）。

表 4－22　不同学历的教师的专业认知差异分析

| | 中专/高中 | 大专 | 本科 | 研究生 | $F$ | $P$ |
|---|---|---|---|---|---|---|
| 专业认知 | $3.88 \pm 0.96$ | $3.83 \pm 0.69$ | $3.79 \pm 0.68$ | $3.72 \pm 0.69$ | 0.36 | 0.786 |
| 自主认知 | $3.87 \pm 1.03$ | $3.88 \pm 0.70$ | $3.87 \pm 0.72$ | $3.68 \pm 0.73$ | 0.75 | 0.524 |
| 自主策略 | $3.86 \pm 0.93$ | $3.75 \pm 0.75$ | $3.67 \pm 0.75$ | $3.78 \pm 0.65$ | 1.00 | 0.349 |
| 自主性 | $3.93 \pm 1.07$ | $3.78 \pm 0.78$ | $3.71 \pm 0.83$ | $3.79 \pm 0.82$ | 0.08 | 0.499 |

6. 不同所在地学校的教师的专业认知差异分析

如表 4－23 所示，不同所在地学校的教师在专业认知上存在显著差异（$F = 7.09$，$P = 0.000$，$P < 0.001$）。事后检验发现，市区学校的教师专业认知高于县城、乡镇学校的教师。不同所在地学校的教师在自主认知上存在显著差异（$F = 6.71$，$P = 0.000$，$P < 0.001$）。事后检验发现，市区学校的教师的自主认知高于县城、乡镇学校的教师。不同所在地学校的教师在自主策略上存在显著差异（$F = 6.21$，$P = 0.000$，$P < 0.001$）。事后检验发现，不同所在地学校的教师在自主性上存在显著差异（$F = 4.18$，$P = 0.009$，$P < 0.01$）。市区学校教师的自主性水平高于县城、乡镇学校的教师。

表 4－23　不同所在地学校的教师的专业认知差异分析

| | 市区 | 县城 | 乡镇 | $F$ | $P$ |
|---|---|---|---|---|---|
| 专业认知 | $4.15 \pm 0.64$ | $3.81 \pm 0.70$ | $3.76 \pm 0.69$ | 7.09 | 0.000 |
| 自主认知 | $4.22 \pm 0.63$ | $3.88 \pm 0.73$ | $3.82 \pm 0.72$ | 6.71 | 0.000 |
| 自主策略 | $4.06 \pm 0.73$ | $3.70 \pm 0.73$ | $3.66 \pm 0.76$ | 6.21 | 0.000 |
| 自主性 | $4.05 \pm 0.90$ | $3.76 \pm 0.84$ | $3.70 \pm 0.81$ | 4.18 | 0.009 |

7. 不同职称的教师的专业认知差异分析

如表 4－24 所示，不同职称的教师的专业认知不存在显著差异（$F =$

2.14，$P = 0.094$）。事后检验发现，初级职称的教师的专业认知低于其他职称的教师。不同职称的教师的自主认知不存在显著差异（$F = 1.60$，$P = 0.188$）。事后检验发现，初级职称的教师的自主认知低于其他职称的教师。不同职称的教师在自主策略上存在显著差异（$F = 3.00$，$P = 0.03$，$P < 0.05$）。事后检验发现，初级职称的教师的自主策略水平低于其他职称的教师，高级职称的教师的自主策略水平高于初级和中级职称的教师。不同职称的教师在自主性上不存在显著差异（$F = 2.53$，$P = 0.05$）。事后检验发现，高级职称的教师自主性水平高于初级和中级职称的教师，低于其他职称的教师。

表 4-24 不同职称的教师的专业认知差异分析

| | 初级 | 中级 | 高级 | 其他 | $F$ | $P$ |
|---|---|---|---|---|---|---|
| 专业认知 | $3.74 \pm 0.68$ | $3.81 \pm 0.81$ | $3.85 \pm 0.62$ | $3.99 \pm 0.77$ | 2.14 | 0.094 |
| 自主认知 | $3.82 \pm 0.73$ | $3.88 \pm 0.74$ | $3.86 \pm 0.67$ | $4.07 \pm 0.77$ | 1.60 | 0.188 |
| 自主策略 | $3.62 \pm 0.72$ | $3.70 \pm 0.78$ | $3.83 \pm 0.64$ | $3.88 \pm 0.93$ | 3.00 | 0.03 |
| 自主性 | $3.66 \pm 0.80$ | $3.74 \pm 0.86$ | $3.86 \pm 0.79$ | $3.91 \pm 0.84$ | 2.53 | 0.56 |

8. 不同学科的教师的专业认知差异分析

如表 4-25 所示，不同学科的教师在专业认知上存在显著差异（$F = 4.48$，$P = 0.000$，$P < 0.001$）。事后检验发现，任教科目为语文、数学、英语的教师专业认知高于任教科目为理化与政史地的教师。不同学科的教师的自主认知存在显著差异（$F = 3.78$，$P = 0.002$，$P < 0.01$）。事后检验发现，语文、数学、英语教师的自主认知水平高于理化及政史地教师。不同学科的教师在自主策略上存在显著差异（$F = 4.41$，$P = 0.001$，$P < 0.01$）。事后检验发现，语文、数学、英语教师自主策略水平高于理化及政史地教师。不同学科的教师在自主性上存在显著差异（$F = 3.72$，$P = 0.002$，$P < 0.05$）。事后检验发现，语文、数学、英语教师的自主性水平高于理化及政史地教师。

表4-25 不同学科的教师的专业认知差异分析

| | 语文 | 数学 | 英语 | 理化 | 政史地 | 其他 | $F$ | $P$ |
|---|---|---|---|---|---|---|---|---|
| 专业认知 | 3.88±0.66 | 3.85±0.68 | 3.80±0.79 | 3.62±0.73 | 3.48±0.78 | 3.62±0.55 | 4.48 | 0.000 |
| 自主认知 | 3.94±0.72 | 3.93±0.71 | 3.83±0.71 | 3.70±0.74 | 3.56±0.82 | 3.69±0.78 | 3.78 | 0.002 |
| 自主策略 | 3.76±0.72 | 3.73±0.76 | 3.73±0.76 | 3.51±0.74 | 3.34±0.82 | 3.51±0.58 | 4.41 | 0.001 |
| 自主性 | 3.82±0.82 | 3.79±0.79 | 3.79±0.79 | 3.49±0.79 | 3.41±0.82 | 3.52±0.75 | 3.72 | 0.002 |

9. 不同收入水平的教师专业认知的差异分析

如表4-26所示，不同收入水平的教师在专业认知上不存在显著差异（$F=2.31$，$P=0.056$）。事后检验发现，收入为1001~2000元/月的教师的专业认知水平低于其他教师。不同收入的教师在自主认知上存在显著差异（$F=3.27$，$P=0.011$，$P<0.050$）。事后检验发现，收入在1001~2000元/月的教师的专业自主认知水平低于其他教师。不同收入的教师在自主策略上不存在显著差异（$F=0.802$，$P=0.521$）。不同收入的教师在自主性上不存在显著差异（$F=1.04$，$P=0.383$）。

表4-26 不同收入水平的教师专业认知的差异分析（单位：元/月）

| | ≤1000 | 1001~2000 | 2001~3000 | 3001~4000 | ≥4001 | $F$ | $P$ |
|---|---|---|---|---|---|---|---|
| 专业认知 | 3.78±0.81 | 3.60±0.63 | 3.84±0.67 | 3.77±0.74 | 3.73±0.70 | 2.31 | 0.056 |
| 自主认知 | 3.77±0.86 | 3.63±0.67 | 3.92±0.71 | 3.82±0.94 | 3.86±0.73 | 3.27 | 0.011 |
| 自主策略 | 3.79±0.81 | 3.56±0.64 | 3.72±0.75 | 3.70±0.78 | 3.66±0.92 | 0.80 | 0.521 |
| 自主性 | 3.80±0.70 | 3.56±0.68 | 3.76±0.81 | 3.73±0.91 | 3.75±1.02 | 1.04 | 0.383 |

10. 不同性别的教师专业认知的差异分析

如表4-27所示，对教师性别进行$T$检验，结果发现不同性别的专业认知、自主认知、自主策略、自主性的$P$值均大于0.05，所以不同性别的教师在专业认知、自主认知、自主策略、自主性方面均不存在显著差异。

表4 - 27 不同性别的教师专业认知的差异分析

|  | 男 | 女 | $T$ | $P$ |
|---|---|---|---|---|
| 专业认知 | 3.79 ± 0.70 | 3.81 ± 0.70 | ~0.48 | 0.63 |
| 自主认知 | 3.84 ± 0.72 | 3.88 ± 0.73 | 0.87 | 0.39 |
| 自主策略 | 3.70 ± 0.75 | 3.70 ± 0.76 | 0.01 | 0.99 |
| 自主性 | 3.74 ± 0.83 | 3.73 ± 0.83 | 0.20 | 0.84 |

11. 班主任与非班主任教师专业认知的差异分析

如表4 - 28所示，班主任和非班主任教师的专业认知进行 $T$ 检验，结果发现两者在自主认知上存在显著差异（$P = 0.02$，$P < 0.05$），而在专业认知及自主策略、自主性两个子维度上均不存在显著差异。

表4 - 28 班主任与非班主任教师专业认知的差异分析

|  | 班主任 | 非班主任 | $T$ | $P$ |
|---|---|---|---|---|
| 专业认知 | 3.76 ± 0.69 | 3.85 ± 0.70 | ~1.80 | 0.72 |
| 自主认知 | 3.81 ± 0.72 | 3.94 ± 0.73 | ~2.29 | 0.02 |
| 自主策略 | 3.76 ± 0.74 | 3.74 ± 0.77 | ~1.31 | 0.19 |
| 自主性 | 3.73 ± 0.80 | 3.75 ± 0.86 | ~0.34 | 0.74 |

## （四）关于教师专业自主动机的整体分析

1. 不同收入的教师自主动机的差异分析

如表4 - 29所示，不同收入的教师在自主动机及内部动机、外部动机上均不存在显著差异，由此可见，教师自主动机水平与收入水平不成正比。

表4 - 29 不同收入水平的教师自主动机的差异分析（单位：元/月）

|  | ≤1000 | 1001 ~ 2000 | 2001 ~ 3000 | 3001 ~ 4000 | ≥4001 | $F$ | $P$ |
|---|---|---|---|---|---|---|---|
| 自主动机 | 3.64 ± 0.92 | 3.64 ± 0.80 | 3.90 ± 0.76 | 3.73 ± 0.79 | 3.72 ± 0.86 | 3.273 | 0.512 |
| 内部动机 | 3.40 ± 1.25 | 3.67 ± 0.69 | 3.92 ± 0.79 | 3.76 ± 0.81 | 3.76 ± 0.94 | 2.839 | 0.224 |
| 外部动机 | 4.00 ± 0.82 | 3.59 ± 0.77 | 3.88 ± 0.85 | 3.69 ± 0.89 | 3.67 ± 0.99 | 3.184 | 0.382 |

2. 不同教龄的教师自主动机的差异分析

如表 4 - 30 所示，在自主动机上，不同教龄的教师的自主动机存在显著差异（$F = 3.603$，$P < 0.05$），其中内部动机差异显著（$F = 4.498$，$P < 0.05$），外部动机差异不显著（$F = 1.238$，$P > 0.05$）。事后检验发现，教龄为 11 ~ 20 年的教师的自主动机动及内部动机、外部动机水平均高于其他教龄的教师。

表 4 - 30　不同教龄的教师自主动机的差异分析

| | ≤5 年以下 | 6 ~ 10 年 | 11 ~ 20 年 | ≥21 年 | $F$ | $P$ |
|---|---|---|---|---|---|---|
| 自主动机 | 3.80 ± 0.74 | 3.77 ± 0.71 | 3.93 ± 0.76 | 3.85 ± 0.88 | 3.603 | 0.029 |
| 内部动机 | 3.82 ± 0.79 | 3.79 ± 0.75 | 3.95 ± 0.79 | 3.87 ± 0.91 | 4.498 | 0.042 |
| 外部动机 | 3.77 ± 0.82 | 3.75 ± 0.83 | 3.90 ± 0.85 | 3.83 ± 0.96 | 1.238 | 0.090 |

3. 不同年龄的教师自主动机的差异分析

如表 4 - 31 所示，在自主动机上，年龄在 30 岁及以下的教师与 50 岁及以上的教师之间存在显著差异，31 ~ 40 岁与 41 ~ 50 岁的教师之间存在显著差异，51 岁及以上与 41 ~ 50 岁的教师之间均存在显著差异；在内部动机上，30 岁及以下与 51 岁及以上的教师之间存在显著差异，31 ~ 40 岁与 41 ~ 50 岁的教师之间存在显著差异，51 岁以上与 41 ~ 50 岁的教师之间均存在显著差异；在外部动机上，30 岁及以下与 50 岁及以上的教师，41 ~ 50 岁与 31 ~ 40 岁的教师，41 ~ 50 岁与 51 岁及以上的教师之间均存在显著差异。

表 4 - 31　不同年龄的教师自主动机的差异分析

| | ≤30 岁 | 31 ~ 40 岁 | 41 ~ 50 岁 | ≥51 岁 | $F$ | $P$ |
|---|---|---|---|---|---|---|
| 自主动机 | 3.79 ± 0.75 | 3.89 ± 0.73 | 3.72 ± 0.79 | 4.13 ± 0.90 | 3.840 | 0.803 |
| 内部动机 | 3.82 ± 0.77 | 3.90 ± 0.78 | 3.75 ± 0.82 | 4.10 ± 0.94 | 2.484 | 0.536 |
| 外部动机 | 3.74 ± 0.84 | 3.88 ± 0.84 | 3.08 ± 0.89 | 4.17 ± 0.94 | 4.481 | 0.611 |

4. 不同学科的教师自主动机的差异分析

如表4－32所示，不同学科的教师在自主动机及内部动机、外部动机方面均存在显著差异（$F = 4.581$，$P < 0.001$）。事后检验发现，语文教师的自主动机显著高于理化、政史地及其他学科的教师；语文教师的内部动机水平显著高于理化、政史地及其他学科的教师，数学、英语教师的内部动机水平显著高于政史地教师；语文教师的外部动机水平显著高于理化、政史地教师，数学、英语教师的外部动机水平显著高于政史地教师。各学科教师的自主动机水平都比较高，其中语文、数学、英语教师尤为突出。

表4－32　不同学科的教师自主动机的差异分析

|  | 语文 | 数学 | 英语 | 理化 | 政史地 | 其他 | $F$ | $P$ |
|---|---|---|---|---|---|---|---|---|
| 自主动机 | 3.94 ± 0.76 | 3.86 ± 0.73 | 3.82 ± 0.76 | 3.68 ± 0.77 | 3.49 ± 0.75 | 3.50 ± 0.76 | 4.581 | 9.808 |
| 内部动机 | 3.97 ± 0.81 | 3.85 ± 0.76 | 3.84 ± 0.80 | 3.72 ± 0.78 | 3.55 ± 0.76 | 3.47 ± 0.78 | 3.875 | 0.202 |
| 外部动机 | 3.90 ± 0.85 | 3.88 ± 0.84 | 3.79 ± 0.81 | 3.63 ± 0.82 | 3.40 ± 0.98 | 3.56 ± 0.84 | 4.313 | 0.785 |

5. 不同职称的教师自主动机的差异分析

如表4－33所示，不同职称的教师在自主动机上存在显著差异（$F = 3.627$，$P < 0.05$），在内部动机和外部动机上不存在显著差异。事后检验发现，初、中、高级职称教师在自主动机上不存在显著差异；初级职称教师与其他职称教师在自主动机上存在显著差异，后者高于前者；其他职称教师内部动机、外部动机上均高于初级、中级和高级职称教师，但没有达到显著水平。

表4－33　不同职称的教师自主动机的差异分析

|  | 初级 | 中级 | 高级 | 其他 | $F$ | $P$ |
|---|---|---|---|---|---|---|
| 自主动机 | 3.78 ± o.76 | 3.84 ± 0.79 | 3.88 ± 0.64 | 4.03 ± 0.85 | 3.627 | 0.025 |
| 内部动机 | 3.79 ± 0.82 | 3.87 ± 0.80 | 3.89 ± 0.66 | 4.04 ± 0.88 | 1.563 | 0.056 |
| 外部动机 | 3.76 ± 0.83 | 3.79 ± 0.88 | 3.86 ± 0.84 | 4.01 ± 0.92 | 1.326 | 0.547 |

6. 不同学历的教师自主动机的差异分析

如表 4 – 34 所示，方差分析表明不同学历的教师在自主动机及内部动机、外部动机上均不存在显著差异。但从平均数可以看出，中专/高中学历的教师的自主动机水平高于大专、本科和研究生学历的教师，大专学历的教师的内部动机水平最高，中专/高中学历的教师的外部动机水平最高。

表 4 – 34　不同学历的教师自主动机的差异分析

|  | 中专/高中 | 大专 | 本科 | 研究生 | $F$ | $P$ |
|---|---|---|---|---|---|---|
| 自主动机 | $3.94 \pm 1.07$ | $3.89 \pm 0.73$ | $3.81 \pm 0.76$ | $3.75 \pm 0.78$ | 0.650 | 0.104 |
| 内部动机 | $3.84 \pm 1.14$ | $3.90 \pm 0.74$ | $3.84 \pm 0.80$ | $3.80 \pm 0.68$ | 0.275 | 0.013 |
| 外部动机 | $4.08 \pm 1.11$ | $3.87 \pm 0.83$ | $3.78 \pm 0.84$ | $3.70 \pm 1.06$ | 1.428 | 0.105 |

7. 不同性别的教师自主动机的差异分析

由表 4 – 35 可以看出，不同性别的教师在专业动机上不存在显著差异，在内部动机及外部动机上亦无显著差异。

表 4 – 35　不同性别的教师自主动机的差异分析

|  | 男 | 女 | $T$ | $P$ |
|---|---|---|---|---|
| 自主动机 | $3.80 \pm 0.73$ | $3.85 \pm 0.79$ | $\sim 0.906$ | 0.365 |
| 内部动机 | $3.81 \pm 0.77$ | $3.89 \pm 0.82$ | $\sim 1.295$ | 0.196 |
| 外部动机 | $3.80 \pm 0.84$ | $3.81 \pm 0.88$ | $\sim 1.305$ | 0.785 |

8. 班主任与非班主任教师自主动机的差异分析

由表 4 – 36 可以看出，班主任与非班主任教师在自主动机上不存在显著差异，在内部动机及外部动机上亦无显著差异。

表 4 – 36　班主任与非班主任教师自主动机的差异分析

|  | 是 | 否 | $T$ | $P$ |
|---|---|---|---|---|
| 自主动机 | $3.82 \pm 0.76$ | $3.85 \pm 0.77$ | $\sim 0.622$ | 0.534 |
| 内部动机 | $3.83 \pm 0.79$ | $3.88 \pm 0.81$ | $\sim 0.751$ | 0.345 |
| 外部动机 | $3.80 \pm 0.90$ | $3.82 \pm 0.85$ | $\sim 0.361$ | 0.718 |

9. 不同建校历史学校的教师自主动机的差异分析

由表 4 - 37 可以看出，不同建校历史学校的教师在自主动机及内部动机、外部动机上均存在显著差异。事后检验发现，在自主动机以及内部动机和外部动机两个子维度上，建校 26 ~ 40 年和 41 年及以上学校的教师的动机水平显著高于建校 11 ~ 25 年学校的教师。

表 4 - 37　不同建校历史学校的教师自主动机的差异分析

|  | ≤10 年 | 11 ~ 25 年 | 26 ~ 40 年 | ≥41 年 | $F$ | $P$ |
|---|---|---|---|---|---|---|
| 自主动机 | 3.80 ± 0.72 | 3.64 ± 0.70 | 3.92 ± 0.75 | 3.93 ± 0.81 | 6.981 | 0.000 |
| 内部动机 | 3.83 ± 0.77 | 3.65 ± 0.73 | 3.93 ± 0.77 | 3.96 ± 0.85 | 8.700 | 0.000 |
| 外部动机 | 3.74 ± 0.82 | 3.61 ± 0.78 | 3.91 ± 0.90 | 3.88 ± 0.90 | 5.271 | 0.005 |

10. 不同规模学校的教师自主动机的差异分析

由表 4 - 38 可以看出，不同规模学校的教师在自主动机及内部动机上存在显著差异，在外部动机上不存在显著差异。事后检验发现，所在学校规模为 13 ~ 24 个班、25 ~ 50 个班的教师的自主动机和内部动机水平显著高于 12 个班及以下、51 个班及以上规模学校的教师。可见，学校规模过小（12 个班及以下）或过大（51 个班及以上）都不利于教师自主动机的激发。

表 4 - 38　不同规模学校的教师自主动机的差异分析

|  | ≤12 个班 | 13 ~ 24 个班 | 25 ~ 50 个班 | ≥51 个班 | $F$ | $P$ |
|---|---|---|---|---|---|---|
| 自主动机 | 3.77 ± 0.76 | 3.90 ± 0.74 | 3.91 ± 0.77 | 3.70 ± 0.82 | 2.277 | 0.896 |
| 内部动机 | 3.76 ± 0.80 | 4.00 ± 0.76 | 3.90 ± 0.80 | 3.67 ± 0.85 | 4.484 | 0.762 |
| 外部动机 | 3.78 ± 0.84 | 3.82 ± 0.87 | 3.84 ± 0.89 | 3.74 ± 0.87 | 0.287 | 0.637 |

## 四、分析与讨论

### （一）关于教师自我概念的分析与讨论

1. 关于不同年龄、教龄的教师自我概念的分析与讨论

研究结果显示，在年龄变量上，31 岁以上的教师相对于 30 岁以下的

教师能更好地认识自己，有更准确的职业角色定位及自我判断；在教龄变量上，11 年以上教龄的教师自我概念更明晰。总体而言，随着年龄和教龄的增长，教师自我概念越来越稳定。究其原因，年龄更大、教龄更长的教师在教学过程中积累了丰富的经验，可以从容应对教学中的困难；年龄较小、教龄较短的教师可能因为教学经验不足，在教学过程中遇到种种挫折，如学生对自己的评价过低或不喜欢自己的授课风格，导致他们产生负面情绪，进而影响其对自己的看法及职业角色定位。教学时间更长的教师在教学过程中积累了一定工作成就，已经成长为熟手、专家型教师，这让他们相信自己会在教育这一领域有更高的建树，他们会对自己的能力、学识有更全面的认识。从教时间短的教师还是新手，成就通常低于从教时间长的教师，在角色定位上不如熟手或专家教师明确。再者，熟手及专家教师从教时间长，对学校的各方面环境比较熟悉，并有比较稳定的交际圈及人际关系，心理上产生一种归属感。在这种情况下他们会对自我有更清楚的认识，有明晰的角色定位及自我判断。而新手教师可能身处陌生环境中，心理上也可能产生焦虑，处于迷茫之中。对于自我的认识、职业角色也不是很清楚。此外，年龄较大的教师在教学过程或生活中遇到挫折，但由于生活经验丰富，自我调节能力可能会比 30 岁以下的教师强一些，对某件事情的认识比较全面通透，较少出现认知失调的现象，对自我认识可能会准确一些。

2. 关于不同学历的教师自我概念的分析与讨论

大专学历的教师与中专学历、本科学历的教师相比，其职业自我概念更为清晰、对教师职业角色认识更明确、对自己的专业发展水平和专业发展需求有更笃定的判断。首先，造成大专学历与中专学历的教师差异的原因主要有两点：一是中专学历的教师接受的教育理念、教育方法不如大专学历的教师全面，特别是在学科知识的深度和广度上或有所欠缺，限制了其对教师角色和专业发展的认识；二是社会期待的影响，社会公众对中专学历的教师在各方面的要求比大专学历的教师低，在工作中容易形成消极的自我概念，出现自我验证动机，这就弱化了中专学历的教师的角色定位。其次，大专学历与本科学历的教师的差异，原因或有二。一是在西部连片特困地区从事教育工作的大专学历的教师主要来源于师范类专科院校，师专的培养方向、培养目标及培养内容都是为将来的教师职业量身打造的，大专学历的教师在职前已经接受了教育教学的理论培养与实践锻炼，这使他们具备了成为教师的各种要素，不仅对自身的能力、学识、发展目标等有清楚的认识，而且对教师角色有很好的定位，职业胜任感和归属感都更强。与此不同的是，本科学历的教师来源较为多元，除了师范类本科院校毕业生外，还存在大量非师范院校毕业的教师，他们在大学期间没有系统学习过教育教学的理论与实践，在教师职业中并不具有优势。二是有很多本科学历的教师在真实意愿上并不喜欢教师职业，而是由于当地毕业生招考的门类中教师需求数量较大而报考了教师岗位，入职后也仅仅把教师职业作为谋生的一种手段，而没有做长远的职业生涯规划，更多是一种"先就业，后择业"的职业动机。因此本科学历的教师在自我概念及自我角色、自我判断这两个维度上得分比大专学历的教师低。最后，研究生作为一个高学历的群体，对自己的发展有更高的要求，职业定位也不仅仅局限于教师，所以对教师这个角色定位的得分不如大专学历的教师高。

3. 关于不同职称的教师自我概念的分析与讨论

低级职称的教师在自我概念及自我角色的子维度上得分显著低于中、高级职称的教师。教育成败大系国家的未来建设，小系个人的一生发展，社会各界对教师的工作质量，对教师的要求和期望相对较高。初级教师作为教育新手，教学技能、教学方法等方面会有不足，在教学过程中难免会产生消极情绪。也可能面临学生成绩差而受到家长的责难，家长往往将成绩优秀归因于孩子勤奋聪明，而将成绩差归因于教师的无能。家长的主观的、不准确的评价会给教师造成极大的心理压力。消极情绪加之外在压力使初级教师的自我效能感低下，自我评价也会相对降低，自我概念也低。而中、高级教师在教学方面等都游刃有余，并且已有相当的威信，认为自己能胜任这个工作。并且有成为更高级教师的强烈动机，在教学中更加努力。在我国，职称的高低在一定程度上代表着能力的大小，导致人们形成了一种刻板印象，即初级教师各方面能力不如中、高级教师。这种刻板印象使得人们对初级教师的社会期待比中、高级教师低，使初级教师出现消极的自我验证动机，阻碍其潜能的发挥。

4. 关于不同学科的教师自我概念的分析与讨论

不同学科的教师在自我概念上有显著差异。教师长期从事某一学科的教学，可能会形成不同于其他学科的教师的思维模式，在对待事物的态度上也有差异。语文、数学、英语这三科是从小学到高中一直学习的主要学科，在教师及学生的潜意识里形成了这三科比较重要的刻板印象。所以任教这三科的教师自我概念高，角色定位也较清晰。任教语文科目的教师在自我概念及其两个子维度上的得分最高。原因在于语文知识时时刻刻都在用，可以说语文是一门"万能学科"。政史地在初中不被视为主课，所以教师也不重视，这种消极的想法导致对自己的认识及角色定位不准确。美术、音乐在小学、初中大都是当作兴趣爱好培养的，只有在高中才有专业的教师对特长生进行专业培养，所以也导致任教这些科目的教师对职业角色定位不清晰。

5. 关于不同规模学校的教师自我概念的分析与讨论

所在学校规模在 13～24 个班级的教师自我概念及其两个子维度的得分较学校所在规模在 12 个班级以下的教师得分高。教师之间的教学成果会越为明显地被比较，班级越多，教师的压力也越大。在这种压力情境下教师会将更多注意转向自己，会反思自己的不足与缺点，有一个更准确的自我认识及角色定位。一般班级多也就意味着教师多，每个教师在教学过程中都会发现其中存在的问题，寻找解决方案，并从中总结经验。教师之间进行交流，会使教师的教学经验更加丰富，可以从容应对教学中出现的问题。教师的自我效能感也就随之有所提高，会对教师这一职业更加热爱，会有更高的自我概念及职业角色定位。但学校规模并非越大越好，规模在 50 个班以上的学校的教师，其自我判断显著低于规模在 13～24 个班的学校的教师。可见，学校规模超过 50 个班时，教师的自我判断出现边际递减效应。学校规模越大，意味着人员越多、构成越复杂，教师在进行自我专业反思和规划时的参考系就越繁杂，自我合理定位的难度就越大。

6. 关于不同建校历史学校的教师自我概念的分析与讨论

建校历史在 25 年以上的学校的教师的自我概念高于建校历史在 25 年及以下的学校的教师的自我概念。建校历史在 25 年以上的学校，形成了有效且稳固的教育理念，有较为良好的校风、教风及学风。教师身在其中，一定会耳濡目染，对自己的角色定位也准确一些。而建校历史在25年以下的学校，各方面发展都有欠缺，属于学校发展中的新型学校。其发展有许多可能性，在发展过程中不断探索适合自己的道路，所以在这个过程中会尝试很多的教学方法、教育理念等。经常会出现某个教学方法或教育理念不符合当前的学生实际情况，但学校领导却要大力推行。在这种情境下，教师会感到迷茫、困惑，有压力感，认为自己不能胜任当前的工作，从而使教师的自我概念低，角色定位不准。

7. 关于不同所在地学校的教师自我概念的分析与讨论

研究显示，市区、县城、乡镇三地学校的教师两两之间的自我概念均有显著差异，市区学校的教师自我概念得分最高，县城学校的教师次之，乡镇学校的教师最低。这与以往研究结果一致。市区学校数量比县城、乡镇多，学校之间的竞争激烈，教师的压力相对较大，在这种情境下个体的自我概念会更清晰，对教师这个职业的角色定位会更明确。县城、乡镇学校的教师压力相对较小，在自我概念及其维度上的得分相对较低。三地不仅有地域上的差异，其文化、经济等方面的发展也有差异，从而导致了对于学校教育本身的认识程度不同。城市在文化及经济的发展、科技的普及等方面比县城及乡镇要快，在城市的教师可能会产生一种优越感。而县城、乡镇各方面的发展相对于城市较滞后，因此，县城及乡镇学校的教师这种优越感就不如市区学校的教师高。这种优越感越高，个体对自己的定位越高，对自我角色就越清晰。城市的文化氛围对教师的社会期待会比县城、乡镇高，这种社会期待影响着教师的自我概念。处在乡镇的教师的自我概念最低，乡村教师作为底层社会的"知识代言者"角色，因为自身的困窘现状，如今往往会被作为"读书无用"的天然论据。近些年，因国家政策对农业的扶持，加之劳动成本攀升，很多农民过上了不错的日子。相比之下，以前乡村教师的工资收入高出农民收入一大截，而当下，乡村教师的工资已不具备竞争力。

8. 关于班主任与非班主任教师自我概念的分析与讨论

研究结果显示，是否为班主任在教师自我角色维度上差异显著。原因主要在于，首先班主任是班级的管理者，肩负着更多的责任。作为班主任必须时刻关注学生的学习状况及身心发展，班级的大小事务也由班主任处理，所以班主任对学生及班级情况比较熟悉。其次，班主任每月会有适当的班主任费，如果班级某些方面表现得不好，可能面临着工资被扣。基于这种情况，班主任必须尽可能做好本职工作。当教师成为班主任时，本着对自己负责的态度，尽量使自己的行为与学校对班主任的要求相一致，以保证自己不受责难与处罚。最后，在日常的工作中，班主任教师和非班主任教师在一起时，就会产生一种比较。班主任教师在管理班级、建设班级等方面有更多的责任和权利，同时也有更多的烦恼，比如班级的班风不良、班级成绩下滑等，这种比较可能会强化班主任教师的自我角色。

**（二）关于教师职业信念的分析与讨论**

1. 关于不同年龄的教师职业信念的分析与讨论

由前文数据可以看出，教师的职业信念与年龄之间存在密切关系，不同年龄段的教师的职业爱好与能力信念有很大的差异。笔者认为这可能是由于年龄小的教师教学技能、对学生的关注与了解，以及对班级的管理等各方面还不够成熟，而年龄相对大的教师已经由新手逐渐转变为专家型的教师，自我效能感也比较高，能力方面自然也存在差异。再者，年龄小的教师实践经验少，职业信念还在形成中，而年龄大的教师从教十几年甚至几十年，已经形成了对教师这一职业稳定而深刻的认识。针对这一点，我们在加强教师队伍素质建设的同时，最好根据不同年龄的教师的职业爱好分配工作，尽量投其所好，让他们从事自己擅长的科目。加强教师队伍课外培训，观摩研讨优秀课程资源，给年轻教师提供多种实践机会，这样更有利于教师职业信念的建立和长久发展。

2. 关于不同学历的教师职业信念的分析与讨论

不同学历的教师的职业信念和职业爱好存在显著差异，而在能力信念方面不存在显著差异，具体表现在大专与本科学历的教师之间。显然大专和本科学历的教师受专业教育的年限不同、程度不同，因而在无形中对自己的定位不一样；再者，教育环境不一样，在不同档次的学校里培养起来的教师性格和教育理念也不一样；而且，在社会大环境下，整个社会形成的对专科生和本科生在潜意识里的认识不同，所以导致他们的职业信念与职业爱好也不同。一个人的能力是内部稳定的因素，它受其他各方面的因素影响比较小，所以不管是专科生还是本科生，他们对自己的能力都有一定的认识，不存在明显差异。

3. 关于不同职称的教师职业信念的分析与讨论

调查表明，不同职称的教师的职业信念存在显著差异，职业爱好与能力信念方面也存在显著差异，具体表现在初级、中级、高级职称的教师之间各有差异。笔者认为这可能是教师的知识储备、兴趣爱好、经验和自我效能感等多种因素造成的。初级职称的教师更倾向于做好自己的本职工作，提升自己的教学技能和课堂管理能力等，而中级高级职称的教师已获得了大家的认可，在各方面都比较优秀，他们更倾向于丰富自己的内在，比如练字、画画、鉴赏等，因自我效能感比较高，所以高级职称教师的能力信念比初级职称教师的能力信念强。

4. 关于不同学科的教师职业信念的分析与讨论

不同学科的教师在职业信念和职业爱好方面存在显著差异，而在能力信念方面不存在差异。由于不同学科的自身性质和特点以及学科文化的影响，使得不同教师有不同学科的职业偏好、思维方式和行为特征，因而他们的职业爱好和职业信念有明显差异。由于"术有专攻""学有所长"，不同学科的教师在自己所从事的学科内对自己的能力有一定的认识和肯定。本着学生全面发展的理念，教师对自己所教科目的认同感，使得科目之间没有明显的主次之分，因而在能力信念方面没有显著差异。

5. 关于不同规模学校的教师职业信念的分析与讨论

不同规模学校的教师职业信念、职业爱好和能力信念也存在着显著差异。班级比较少的学校一般分布在农村或乡镇，教学设施和各种条件都比较落后，学校对教师的素质等各方面的要求都比较低；而班级比较多的学校一般都分布在城镇和市区，有更大的空间设置各种设备，也有更加优越的人文环境，建校历史也比较悠久，学校对教师的要求比较高，学校一般会选择更加优秀的教师从教，优秀教师在信念和能力等各方面都比较高。因而，教师的爱好、能力有所不同，进而职业信念也有差异。

6. 关于不同建校历史学校的教师职业信念的分析与讨论

不同建校历史学校的教师职业信念、职业爱好和能力信念存在明显差异，建校历史悠久的学校文化底蕴更浓厚，教师的教龄一般也较长，经验丰富，这样的学校体制健全，设施完善，同时还形成了自己的校风、学风等隐性资源，因而其教师的职业信念和能力信念要比新学校招聘的教师高。新建立起来的学校各方面还不完善，新招聘的年轻教师职业信念和能力信念还没有形成，职业爱好和职业信念就会存在差异。

7. 关于不同所在地学校的教师职业信念的分析与讨论

研究表明，城市和乡镇学校的教师的职业信念、职业爱好、能力信念均存在显著差异，造成这种差异的原因之一为城市和乡镇的各种条件不同。例如，首先，是公共设施、教学设备、教学环境等因素的不同；其次，是由于城市和乡镇的学校对教师的要求不同，前者可能对教师各方面的要求会更高。

**（三）关于教师专业认知的分析与讨论**

1. 关于不同年龄的教师专业认知的分析与讨论

30 岁及以下与 31 ~ 40 岁的教师在专业认知上存在差异的原因在于，30 岁及以下的一般为刚刚步入教师行列的年轻教师，对教育教学充满激情，有着探索教育新模式、追求异于传统的教学风格。而大部分 31 ~ 40 岁的教师已经建立家庭，工作更加得心应手，所需要的主要是继续提升自己的专业知识与能力，所以专业认知更高。50 岁及以上的教师专业认知、自主认知、自主策略、自主性高于 30 岁以下、31 ~ 40 岁、41 ~ 50 的岁教师，教学经验更加丰富，在应对教育改革、课程改革的压力时更加自如，在心态上与年轻教师会有所不同，所以其专业认知水平比其他年龄段的教师高。

2. 关于不同职称的教师专业认知的分析与讨论

初级职称的教师的专业认知、自主认知、自主策略低于其他职称的教师。其原因主要在于，初级职称的教师一般为年轻教师，大部分年轻教师选择教师这一职业的原因是教师的职业相对稳定、假期长。而很多其他职称的教师是学校临时招聘的，他们的工资与福利一般低于有职称的教师，他们一般也善于接纳和听取不同的想法和意见，并不断地反思、总结，提升自我，以便获得更好的工作岗位，所以其专业认知水平更高一些。

3. 关于不同学科的教师专业认知的分析与讨论

任教科目为语文、数学、英语的教师专业认知、自主认知、自主策略、自主性高于任教科目为理化、政史地的教师。其原因主要是：首先，当前，大多数中学教师的收入中都包括课时费一项，由于教师基本工资相差不大，课时费成为拉开教师收入差距的主要项目，中学的课时费因课型不同，包括正课、早读、辅导、自习辅导、额外补课费等几种，每种的报酬数额都不相同。其中，额外补课费较高，自习辅导费较低。作为正课，不同科目的课时费存在差异，其中语文、数学、英语课时费高于理化、政史地。其次，语文、数学、英语从小学到高中都是主课，中考、高考所占分值高，学校、家长、学生都特别重视。课程安排上语文、数学、英语明显比理化、政史地多，这样教语文、数学、英语的教师对工作投入的时间比教理化、政史地的教师多，所以专业认知水平相对较高。

4. 关于不同建校历史学校的教师专业认知的分析与讨论

建校历史时间短的学校的教师的专业认知低于建校时间长的。其原因在于，建校历史时间长的管理体制相对更加完善，并且更有文化底蕴，教师在学校文化的熏陶下会有更高的专业认知水平。

在自主认知维度上，建校时间长的学校的教师自主认知水平高于建校时间短的学校的教师。其原因是，学校建校时间越长，办学经验越丰富，社会给予学校的关注越多，教师的压力也会更大一些，这些都会影响教师的自主认知。相对而言，建校时间短的学校，教师的压力相较小，自主认知水平相对较低。

5. 关于不同规模学校的教师专业认知的分析与讨论

所在学校规模小的教师专业认知水平低于所在学校规模中等的教师。一般情况下，规模在 12 个班以下的学校，一般在人口相对较少、比较偏远的地区，师资力量也相对薄弱。这些学校的教师平时比较忙，甚至有的身兼数职，参加培训的机会少，所以规模小的学校的教师对工作环境的满意程度低，专业成长空间小。而规模中等的学校在这方面相对占优势，且规模小的学校内部的竞争力会比较小，而规模中等的学校比规模小的学校内部竞争力大，所以规模中等的学校的教师在专业认知方面表现更为突出。

所在学校规模在 13～24 个班的教师专业自主性高于学校规模在 25～50 个班的。其原因在于规模为 13～24 个班的一般为乡镇学校，25～50 个班的一般为县城或市区学校，由于学校环境等各方面的差异，市区或县城的学校在对教师的管理上更严格，乡镇的学校一般相对宽松一些，这使得乡镇教师自主从事专业实践的机会更多，所以自主性较高。

6. 关于不同所在地学校的教师专业认知的分析与讨论

市区学校的教师专业认知水平高于县城和乡镇学校的。其原因可能是，一般市区学校教育设施比较完善，教师的专业素质相对较高，教师之间的竞争压力也比较激烈，促使教师不断更新、丰富、完善自己的专业知识结构，不断提高专业水平和能力。相对而言，县城、乡镇的教师竞争压力较小。

7. 关于班主任与非班主任教师专业认知的分析与讨论

班主任与非班主任教师专业的自主认知存在显著差异，非班主任的自主认知程度高一些。其原因可能是，班主任比非班主任工作忙，而且班主任需要承担更多的责任，工作负担大；而非班主任有更多的时间对自己的教学现状进行理性思考，所以自主认知水平高一些。

8. 关于不同收入水平的教师专业认知的分析与讨论

收入在 1001～2000 元/月的教师专业认知、自主认知低于其他教师。究其原因：首先，教师收入偏低可能会使教师生活较困难，教师会因生活问题牵扯过多的精力，特别是当物价上涨、消费水平提高时，偏低的收入会使这些教师生活更为紧张；教师的工作性质要求教师不断学习，努力进取，教师收入偏低可能使教师减少对这方面的开支，使专业学习与发展受一定影响；与其他行业相比，教师收入偏低会使教师工作积极性不高，部分教师考虑调离农村教师工作岗位；其次，在比较偏远的地区，政策落实不到位，教师的收入在 1001～2000 元/月，导致工资比正常教师工资低，他们对工作环境的满意程度低，这也直接影响他们的专业认知；最后，收入在 1001～2000 元/月之间的教师还可能为刚毕业的特岗教师，他们的教学经验不丰富，对教师专业的认知水平不高。

**（四）关于教师自主动机的分析与讨论**

1. 关于不同年龄的教师专业动机的分析与讨论

30 岁及以下与 51 岁及以上的教师之间存在显著差异，这主要是因为

30 岁及以下的教师步入教育行业时间不久，精力旺盛，竞争力强，对这一行业有所期待，希望通过努力在该领域有所建树，并且他们有着更大的发展空间，因此发展动机较高。而 51 岁及以上的教师则因为长期从事这一行业产生了懈怠情绪，而且他们在该领域的地位已趋于稳定，精力、竞争力都呈下降趋势，因此他们的发展动机水平较低。

2. 关于不同教龄的教师自主动机的分析与讨论

不同教龄的教师在自主动机上存在显著差异。5 年及以下与 6～10 年教龄的教师的自主动机水平相对较低。11～20 年与 21 年及以上教龄的教师的自主动机水平相对较高。这是因为教师随着教龄的增加，虽然增加了不少教学经验，但同时也增添了不少困惑，特别是随着近几年来教育教学的不断改革，新的教学理念和教学方式的出现，知识也不断地更新，11～20 年教龄的教师明显感受到了自己知识的老化，因此希望通过学习提升自己的素质，适应新时代的要求。5 年以下教龄的教师大多数刚从学校毕业，虽然对知识也有着热切的渴望，但由于本身已具有一定的新知识，与 11～20 年、21 年及以上教龄的教师相比，其发展动机较弱。

3. 关于不同学历的教师自主动机的分析与讨论

大专学历的教师内部动机水平显著高于研究生学历的教师。动机强度随着学历的增加而递减。这主要是由于专科学历的毕业生在考虑就业问题时更多的是求稳。在就业压力大的情况下，大专毕业生只能降低自己的求职标准与就业期望。教师这一职业本身具有的稳定性和发展前景使其成为大专毕业生优先考虑的理想职业，因此低学历教师的内部动机较高。学历越高的个体教育投入越高，他们的教育投入需要得到同等的经济回报，而西部连片特困地区的经济发展落后，无法满足他们的要求，所以高学历教师的内部动机较低。

4. 关于不同职称的教师自主动机的分析与讨论

初级、中级、高级职称的教师的自主动机不存在显著差异；初级职称的教师与其他职称的教师的自主动机存在显著差异，其他职称的教师的自主动机水平显著高于初级教师。其他职称的教师自主动机水平较高，这是因为未评级教师在工资与待遇上与已经定级的教师有差异，因此他们对求知与职业发展有了更高的要求，其中部分教师是想通过提升自己的能力获得晋升的机会或达到要求，从而提高工作的稳定性。

5. 关于不同学科的教师自主动机的分析与讨论

语文教师与理化、政史地及其他学科的教师在自主动机上存在显著差异，数学、英语教师与政史地教师之间存在显著差异。这主要是因为语文、数学、英语教师的工作压力大，而其他学科教师的工作压力相对较小。

6. 关于不同规模学校的教师自主动机的分析与讨论

所在学校规模为 12 个班及以下、51 个班及以上的教师的自主动机和内部动机水平显著低于所在学校规模为 13～24 个班和 25～50 个班的教师。之所以如此是因为，学校规模越小、班级越少，教师之间的竞争越小，其发展动机也越低；学校规模越大、班级越多，教师之间的竞争则会越激烈，其发展动机也越高。但过大的规模也意味着人员、环境、工作等各方面都比较复杂，不利于激发教师的自主动机。

7. 关于不同建校历史学校的教师专业自主动机的分析与讨论

建校 26～40 年、41 年及以上学校的教师专业动机及内部动机显著高于建校 11～25 年学校的教师。这是因为建校历史在 25 年以上的学校，形成了有效且稳固的教育理念、良好的教风及学风，教师身在其中，会受到潜移默化的影响，对教师这一职业有更为深入的了解和热爱，其发展动机水平更高。同时，在教育改革政策的实施方面，建校历史长的学校对学校发展规划有更为丰富的经验，在尝试新的教学方法、教育理念时的安排更为切合实际，为教师营造了安全稳定的专业发展环境，进一步激发了教师的专业发展动机。而建校历史较短的学校往往比较容易冒进，对教师专业发展缺乏指导。

8. 关于不同性别的教师专业自主动机的分析与讨论

不同性别的教师专业自主动机不存在显著差异。这主要是因为，男女教师本身都对教师职业充满兴趣，希望在该领域取得进一步的发展；再者，从事教师职业的男性较少，社会对男教师的期望值较高，因此男性希望通过从事教师这一职业实现自己的社会价值。教师职业的稳定性及发展前景使其成为女性优先考虑的理想职业，多数女性更愿意从事教师职业，因此女教师的发展动机水平也较高。

9. 关于班主任与非班主任教师自主动机的分析与讨论

班主任和非班主任教师的自主动机不存在显著差异。班主任一般比非班主任处理的事情多，压力大，但是其收入一般比非班主任高。多数教师注重的是自己对所带的科目是否感兴趣，如果所带科目正是自己喜欢的科目，那么即使不是班主任，该教师的发展动机仍然很高。相反，如果对自己所带科目不感兴趣，那么即使是班主任，其发展动机也不会很高。

10. 关于不同收入水平的教师自主动机的分析与讨论

在收入方面，收入高低对教师专业发展动机有显著影响。自主动机包括内部动机和外部动机，内部动机是指教师渴望通过提升自己的专业能力进而实现自我价值的趋向。收入在 1001～2000 元/月的教师尚为温饱挣扎，难以顾及更高层次的需求，因此内部动机不高；收入在 2001～3000 元/月的教师基本生活得到保障，可以把更多的精力投入到职业发展中，内部动机较高。外部动机是指教师提升专业能力的目的是为了得到更多的晋升机会、更高的薪酬和别人的认可。收入在 1001～2000 元/月的教师大部分任教于偏僻落后地区的学校，得不到更多的激励，外部动机不足；收入在 3001～4000 元/月的教师要进一步提升职称、增加薪酬难度很大，可能导致专业发展信心疲软，而收入在 2001～3000 元/月的教师拥有相对较多的晋升加薪机会，其专业自主发展的外部动机更强。

## 五、研究结论与提升对策

### （一）关于教师专业自主发展的研究结论

1. 关于教师专业自我概念的研究结论

（1）31 岁及以上教师的自我概念水平显著高于 30 岁及以下的教师；（2）教龄长的教师的自我概念水平一般较高；（3）大专学历的教师自我概念水平显著高于其他学历的教师；（4）中级职称的教师在自我概念及自我角色的维度上显著高于初级职称的教师；（5）所在学校规模在 13 个班及以上的教师自我概念明显高于所在学校 12 个班及以下的教师；（6）建校历史在 26 年及以上学校的教师自我概念水平高于建校历史在 25 年及以下学校的；（7）不同地方的教师在自我概念上呈现差异，城市学校的教师的自我概念水平高于县城学校的教师，乡镇学校的教师的自我概念水平最低；（8）男女教师、班主任与非班主任教师在自我概念上不存在差异。

2. 关于教师职业信念的研究结论

（1）不同年龄的教师职业信念存在显著差异，具体表现为30岁及以下和51岁及以上的教师、31～40岁和51岁及以上的教师、41～50岁和51岁及以上的教师均存在显著差异；（2）不同学历的教师职业信念存在显著差异，具体表现在大专和本科学历的教师存在显著差异；（3）不同职称的教师的职业信念存在显著差异，具体表现在初级与中级职称的教师之间、初级与高级职称的教师之间、初级与其他职称的教师之间均存在显著差异；（4）不同学科的教师的职业信念存在显著差异，具体表现在语文教师和理化、政史地教师之间，数学教师和政史地教师之间，英语教师和理化、政史地教师之间，理化教师和语文、英语教师之间存在显著差异；（5）不同规模学校的教师的职业信念存在显著差异，具体表现在所在学校规模在13～24个班和12个班及以下的教师与所在学校规模在13～24个班和25～50个班、51个班以上的教师之间存在显著差异；（6）不同建校历史学校的教师的职业信念存在显著差异，具体表现为建校11～25年、26～40年和41年及以上学校的教师之间存在显著差异；（7）不同所在地学校的教师的职业信念存在显著差异，尤其是市区和乡镇学校的教师之间存在显著差异。

3. 关于教师专业认知的研究结论

（1）30岁及以下的教师专业认知水平低于其他年龄的教师，51岁及以上的教师的在专业认知，以及自主认知、自主策略、自主性三个子维度的水平高于其他年龄的教师；（2）不同教龄的教师在专业认知，以及自主认知、自主策略、自主性三个子维度上均不存在显著差异；（3）不同学历的教师在专业认知，以及自主认知、自主策略、自主性三个子维度不存在显著差异；（4）初级职称的教师在专业认知，以及自主认知、自主策略、自主性三个子维度低于其他职称的教师；（5）语、数、外教师在专业认知，以及自主认知、自主策略、自主性三个子维度高于理化和政史地教师；（6）所在学校规模为12个班及以下的教师在专业认知，以及自主认知、自主策略、自主性三个子维度低于所在学校规模为11～24个班的教师；（7）建校 11～25 年的学校的教师的专业认知、自主认知水平低于其他教师；（8）市区学校的教师在专业认知，以及自主认知、自主策略、自主性三个子维度高于县城和乡镇学校的教师；（9）不同性别的教师在专业认知，以及自主认知、自主策略、自主性三个子维度不存在显著差异；（10）非班主任的自我认知水平显著高于班主任；（11）收入为 1001～2000 元/月的教师的专业认知与自主认知水平低于其他教师。

4. 关于教师自主动机的研究结论

（1）30 岁及以下与 51 岁及以上的教师在自主动机上存在显著差异；（2）不同教龄的教师在自主动机上存在显著差异，5 年及以下与 6～10 年教龄的教师的自主动机水平较低；（3）不同学历的教师在自主动机及内部动机和外部动机两个子维度上均不存在显著差异，中专/高中学历的教师的自主动机水平高于大专、本科和研究生学历的教师；（4）其他职称的教师的内外部动机水平均高于初级、中级和高级职称的教师；（5）语文教师的自主动机水平显著高于理化、政史地及其他科目的教师，语文、数学、英语教师的外部动机水平高于政史地教师；（6）所在学校规模为 12 个班及以下的教师的自主动机水平低于所在学校规模为 13～24 个班和 25～50 个班的教师；（7）建校历史 26 年及以上学校的教师的自主动机水平高于其他建校历史的学校的教师；（8）男女教师、班主任与非班主任教师在自主动机上不存在显著差异。

**（二）提升教师专业自主发展意识的对策**

1. 整体性反思教师专业发展的路径与方式，为域内教师自主发展意识培育提供可能的路径与方式

就教师专业本身而言，专业发展无疑是社会对于教师的基本要求，也理应成为每位教师的追求目标。事实上，"没有教师生命质量的提升，就很难有高的教育质量；没有教师精神的解放，就很难有学生精神的解放；没有教师的主动发展，就很难有学生的主动发展；没有教师的教育创造，就很难有学生的创造精神。"① 目前在学术界教师专业发展的理论被归结为

---

①联合国教科文组织. 教育——财富蕴藏其中［M］. 北京：教育科学出版社，1996：97.

三类取向：理智取向，主要观点是认为教师专业发展就是教师掌握各种专业知识的过程；实践反思取向，强调教师个人生活与其专业生活之间的关联，倡导教师不只是接受知识，应该通过不断反思，更清晰地理解自己，理解自己的教学实践，并因此而实现专业发展；生态取向则强调教师的成功和发展会受到环境的制约，认为学校和社会应该给教师提供生根发芽的土壤。虽然，这三种取向所关注的视角各异，但每种取向都和教师专业发展息息相关，均是教师专业发展的重要组成。如果深度分析三种取向所采取的途径与方式，其重心则更多在于采用"他主"或"外铄"的方式与途径来提升教师群体的专业化水平。

不可否认，"他主"与"外铄"的方式对于教师专业发展确实有着不可替代的基础性作用与价值，但就其本质而言，教师很容易旁落为"被发展""被管理""被培训"的对象与客体，其最大的局限则是忽略了教师作为发展主体的主动性与自主性。加之长期以来教师更多是以"体制人"的身份嵌入公众和社会视野，"他主"与"外铄"也就自然而然地成了教师专业发展方式与路径中的首选，成为促进教师专业发展的主要范式。与此同时，也就顺理成章地成为教师专业发展的主要动力。相比"他主"与"外铄"发展而言，教师专业发展中"自主"和"内生"问题更多隐遁于体制之中，而且更多处于可有可无的散乱与自发状态。因此，"虽然有些教师也在学习，但大体上属于'制度性学习'，也就是在由外力，尤其是学校或教育行政部门安排的制度性活动中才有的学习，而没有把学习当作一种生活方式，当作一种长期的、持续性的活动，当作自身职业生存方式的体现。"① "然而，如今，从历史的高度来看，这点应该很清楚：外部的'种种固定措施'不足以维持那些人们关注教学的最深切热情。体制改革的缓慢，只要我们还在等待，就依赖'它们'为我们做这些工作——却忘记了体制中也有'我们'——我们只是在推迟改革，亟须慢慢陷入悲观和怀疑，这是太多教师教学生涯的写照。"②

---

① 郑金洲. 教育絮语 ［M］. 上海：华东师范大学出版社，2008：84.

② ［美］帕克·帕尔默. 教学勇气——漫步教师的心灵 ［M］. 上海：华东师范大学出版社，2005：40.

尤其在西部乡村，教师专业发展长期以来深度依赖"他主"与"外铄"方式推动与强化，所形成的教师专业发展自主性不强、主动性不足，以及发展程度低下有着极其深沉的历史积淀，极大地牵制着教师专业自主发展意识。在某种程度上，已经形成了教师专业发展深度的"内卷化"样态。因此，对于教师专业发展方式与路径的反思，是改善教师自主发展意识的前提，也是促进教师专业自主发展意识的首要问题。

2. 正确认识教师专业发展的方式与路径，并适时调整和优化发展方式与路径的次序

对于教师专业发展，"如果新的发展研究不能深入到人们的思想最深处，那么，对于这种研究，以及由这种研究所要求的总体调整的思考将会是肤浅的，并且是很难达到目的的。"① 如果说专业发展是教师发展的必须，那么，如何实现域内教师专业的深度发展与可持续发展，就是必须聚焦的关键问题。域内教师专业的深度发展与可持续发展，就是要将可能的发展方式与路径一并考虑，恰当调试并优化教师专业发展方式与路径的次序，并使之在现有状况下发挥出最优的发展效用。由于各种发展方式实现的条件不同，其最终产生的发展效果也截然各异。若粗略归纳一下，"他主"发展与"自主"发展、"外铄"范式与"内生"范式均是教师专业发展的重要途径，这其中并不存在孰轻孰重的优劣之分。况且，任何过度依赖"他主"发展或"自主"发展、"外铄"范式与"内生"范式都是不利于教师专业深度发展与可持续发展的。

在国家现有教师专业发展政策与措施并举的前提下，西部乡村极有必要开展教师专业发展方式与路径的拓展与深化，方能促进教师专业的深度与可持续发展。重中之重则在于有效协调"他主"发展与"自主"发展、"外铄"范式与"内生"范式之间产生契合与协同作用，从而不断培育教师自主发展意识与能力，有效释放教师专业发展的内生性动力，使得教师专业发展在可行与可能之间产生更好的发展效果。这就使得在西部乡村，教师专业发展更应该突出发展的策略，同时优化发展的次序。教师自主发展意识尽管存在性别、年龄、职称、学校类型等方面的差异，但就整体而

---

① [法] 佛朗索瓦·佩鲁. 新发展观 [M]. 北京：华夏出版社，1987：169.

言，自主发展意识淡漠是不争的事实，更是全域性问题。面对当前教师专业发展的现状，积极调整发展次序，优先自主发展意识与能力的培育，是域内教师专业发展必须考量的现实性问题。

3. 大力营造教师自主发展的包容性空间，为教师自主发展意识的培育创造良好的氛围

每个教师的心理素质、知识水平、学习习惯，以及发展能力等都有一定差异，教师专业发展应该最大限度地正视和尊重教师所处的地域差异和个体差异，并努力给教师专业发展提供充分、自由的条件，更好凸显其主体地位，使每位教师的潜能都得以充分发展，是唤醒教师自主发展意识的必要条件。从现有教师专业发展的空间分析，对于不同地域、性别、年龄、教龄、职称的教师的专业发展，更多是基于"竞争性"而非"包容性"发展而展开。对于竞争性发展，可以借助 SWOT 分析法予以剖析。SWOT 分析法，又称态势分析法或优劣势分析法，就是将与研究对象密切相关的各种主要内部优势与劣势、外部的机会与威胁等，通过调查列举出来，并依照矩阵形式排列，然后用系统分析的思想，把各种因素相互匹配起来加以分析，从中得出一系列相应的结论，而结论通常带有一定的决策性。运用这种方法，可以对研究对象所处的情境进行全面、系统、准确的研究，从而根据研究结果制定相应的发展战略、计划，以及对策等。

SWOT 分析法演绎到教师发展领域，教师专业发展就是在以外在参照对象为基准的前提下，在明确竞争对手的前提下，通过分析自身的优势、不足与缺陷，借以超越参照对象。此种理念支配下的教师专业发展就等同于增强教师的竞争性，提高竞争力。单纯地从发展的角度看，这种发展模式并无不妥。但基于教师的视角重新审视此种发展方式时，"你无我有""你有我强""你强我特"的"竞争性"发展方式，却在持续性背离教师专业发展的内在价值追求。虽然在应然层面上持续形塑"群体完人""群体神人""群体圣人"的教师发展理想，在现实层面也形成了"你追我赶"的发展态势，在深层次上却遮蔽了"个体差异""学科差异""地域差异"等客观现实，教师专业发展陷入了某种盲从。国内盲从国外、乡村盲从城市、欠发达地域盲从发达地域、教师盲从专家等诸多发展现象，也使得教师专业发展陷入了某种程度的假性繁荣，实质上也造成了不同地

域、性别、年龄、职称和学科的教师的表层发展。在我国"群育"教师文化发育更为成熟的当下，竞争性发展较大地挤压了教师专业自主发展空间，也是造成教师专业自主发展意识淡漠与发展能力低下的重要成因。就此，大力营造包容性的发展空间，就成为教师专业自主发展意识培育不可或缺的重要内手段。

包容性发展也意味着每个教师个体，不论是学科内还是学科间的、不论是相同区域内的还是不同区域外的，都能够立足于自身的现状，把自身作为参照系，摒弃追求"最好"的发展理念，力求"更好"之上的发展态势。包容性发展不是以教师个体间、学科间、乡村与城市、沿海与内地、发达地区与欠发达地区的教师作为相互参照对象为基准而讨论发展的理念与实践，而是赋予发展调节的合理价值，完成合乎发展与出于发展的转换，从而为发展提供行动的导引，为发展提供评价的标准。包容性发展意指在个体内、学科内、区域内等为内在参照系，在理想与现实之间寻求一种"真实的"合理性发展，其营造的是教师专业发展的可协调性、可持续性和内生性发展动力，也意味着教师专业发展是通过不同地域的、学科的、年龄的、职称的教师专业实践而获得更为优化的专业品质。包容性发展也在于首先肯定教师实践行为的恰当与教师专业发展的因人而异，从而保护教师专业发展的主动性，进而持续培育教师专业发展的自主意识。

4. 努力改进现有的教师培训工作，以"精准培训"助推域内教师专业自主发展意识的提升

若将师范教育的入职视为教师专业发展的"兜底"，那么，教师培训则承载着教师专业发展的"拔高"。教师培训并非是教师专业发展中必需的普惠性活动，而是应对教育变革中不断出现的新问题，并直面教师的专业发展困境而实施的有针对性的帮扶与助推活动。作为一种可贵的教育资源，任何形式的教师培训都是人力、物力与财力的集合与合理使用。在西部乡村，面对现有教师培训资源较为紧缺的状况，优化教师培训资源，完成教师培训方式从"粗放型"向"精细型"、从"大水漫灌"到"精准滴灌"的转型，是对有限的教师培训资源的有效利用，也是优化教师培训资源的现实需要，更是培育教师自主发展意识的必然要求。

在我国新一轮基础教育改革进程中，各级各类教师培训使教师能够更

好地应对不断变革的教育实践。同时，教师培训对于更新观念、增强教育教学能力、持续提升自身的教育教学素养、觉醒教师自主发展意识、提升教师自主发展能力等方面有着较大的改善空间。由于每位教师个体有着不同的成长背景、年龄阶段、工作经历、岗位要求、文化程度、专业知识和兴趣爱好，这就要求教师培训要有多样性和差别化。然而由于现行培训方式"大水漫灌"、培训内容"同质均等"、培训对象"缺乏精准"的粗放型培训，使得教师培训的效益与价值不断遭受质疑与诟病，也给教师培训本身造成了相当的负面效应。转型与升级现行教师培训的模式与方式就成为培育教师自主发展意识的重要途径。这就意味着培训方式要从"大水漫灌"到"精准滴灌"，培训内容要从"同质均等"到"异质按需"，培训对象从"全员普惠"到"精确识别"，这样才能使教师培训产生更加优质的效益。

针对教师专业自主发展意识的培育，精准教师培训可以从以下方面入手。首先，培训对象的精准识别，主要是将教师群体中，谁需要培训、哪个学科需要培训、哪些学校需要培训，何种心理状态的教师需要培训等问题筛选出来，并予以积极识别。其次，培训目的的精准定位，主要是要改变培训底数不清、情况不明、针对性不强、培训资金和培训项目指向不准的问题，进而化解培训中的盲点，彻底改善培训中的低质、低效问题，使得教师培训在"提高"与"兜底"之间保持较好的专业发展张力。再次，培训内容的精准选择。对于培训内容，可以依据不同培训对象的意识发展特征，设计有针对性的培训内容，并予以重点突破，使得内容与对象之间产生有效的匹配度。而不在于采用集体授课、讲座报告等现有方式实施培训。最后，在于对培训的精确管理，这是精准培训的保证。要建立起培训教师的信息网络系统，将培训对象的基本资料、动态情况录入到系统，实施动态管理。确保培训到最需要培训的教师、培训到教师最需要培训的内容，采取教师最需要的培训方式。对于需要培训的教师精确识别后，就应做到培训的精准性，即需要何种内容及方式的培训，尽可能细化培训措施及内容，真正把教师培训的优势挖掘出来，确保培训的实效。

在西部乡村的特殊区域，教师专业发展有着与其他发达地域显著不同的制约因素。教师培训的精准性直接决定着教师自主发展意识与能力的提升。针对培训对象的自主发展意识不强，教师培训要在对象的精准度上寻求专业发展的突破口与切入点，通过有效、合规的程序，把自主发展意识需要加强的教师识别出来，并建档立卡，实施动态管理机制。

5. 对教师自主发展意识的各个维度进行深入研究，并采取有效措施予以深度且有针对性的改善与提升

因为教师自主发展意识涵盖教师的自我概念、职业信念、专业认知与自主动机等诸多维度，这就使得自主发展意识本身是一个较为宽泛的研究领域。加之西部连片特困地区特殊的地域环境，对于教师自主发展意识的研究与提升，就应该从促成自主发展意识的各个不同侧面予以深度关注，并且深入契合域内教师群体专业自主发展意识的特殊性和针对性，方能在更深层次上将上述维度聚合为教师自主发展意识的整体，从而持续推动域内教师专业自主发展意识的觉醒与提升。

（1）自我概念

由于自我概念是个体对自己的认知，主要涉及个体对自己的能力、兴趣、性格或者社会地位等方面的认识，是教师职业生涯发展形成的重要基础。在某种程度上，教师职业选择的过程就是其自我概念的形成过程。教师个体在探索自己是谁，以及未来想成为什么样的教师时，教师个体自我概念的发展与职业偏好的发展就存在密切的联系，也与教师职业的成熟度成密切的正向关联，其中就决定着教师的职业动机，以及教师专业发展中的自信与自立水平。教师的自立发展水平越高，其自我概念越积极，教师个体在自己解决所遇到的基本生存与发展问题中也就越容易形成专业发展方面的独立性、主动性、责任性、灵活性和开放性等特质，教师专业自主发展就表现为一种综合性自立人格因素。自立人格又是促进教师形成积极的自我概念的重要因素。同时，教师自我概念的形成又反过来可以直接影响到其教师职业成熟度与自立人格的形成。

因此，加强域内教师自立人格的培育是教师自我概念形成的重要方面，也是教师专业发展成熟度的重要体现。在教师的职前教育中，域内的各级各类教师教育机构在教师教育课程设置中应开设有针对性的课程门类，针对教师自立人格的相关训练与提升，确立起积极的教师自我概念体系。同时，在职中与职后发展中，教育行政部门应该深切了解并掌握域内

教师自我概念体系的发展变化，对于教师自我概念发展暴露出的诸多问题，开展基于地域针对性和对象适切性的培训与培育，这样，才能真正确保域内教师自我概念的持续优化与不断调试，从而最终助推教师自我概念的过程性建构。

（2）职业信念

信念是"主体对于自然和社会的某种理论原理、思想见解坚信无疑的看法。它是人们赖以从事实践活动的精神支柱，是人们自觉行动的激励力量。信念一旦确定之后，就会给主体心理活动以深远的影响，决定着一个人的行为的原则性、坚韧性"[1]。这就使得信念的主要功能在于使人把握思想和行动上的有效原则或目标。信念起作用的地方，是人尚未完全把握对象同自己的真正关系的地方。正是在这里，信念告诉人们应该怎样，不应该怎样。

教师职业信念是教师对教育思考后形成的对教育事业的价值判断和坚信不疑的认识。职业信念以其独有的支配性地位，深刻影响着教师的职业道德，从而成为教师专业自主发展中的核心要素，也称之为教师专业素质结构中的"灵魂"。拥有职业信念的教师就会更好地去认清并遵守师德规范，在极度自律的状态中全身心投入工作。"从一定意义上说，教师职业信念是人们从事教师职业的重要动机之一，特别是当一个人对于教师的劳动价值尚未完全认识清楚的时候，教师职业信念就成为他赖以从事教育劳动的支柱和指南。而当他具备了坚定而科学的教师职业信念之后，这种信念就会对他的教育生涯产生深远而稳定的影响，在一定程度上决定着他投身于教育事业的方向性、原则性和坚定性。反之，如果一个人不能形成坚定而科学的教师职业信念，他就难以具备热爱教育事业之心，也难以在教育劳动中产生主动性、积极性和创造性。"[2]

教师职业信念并非与生俱来，其建立总是与个体对于教师职业本身的

---

①林传鼎，陈锦永，张厚粲. 心理学词典 [M]，江西科学技术出版社，1986：307 - 308.

②王卫东. 教师职业信念问题初探 [J]. 华东师范大学学报（教育科学版），2000（4）：8 - 12.

认识高度、对教育情感的体验，以及对教师职业本身的过程体悟高度关联，这也正契合了心理学中的理解，即"信念是在认识过程中确立的，并受到认识的深度和发展的影响。但是，如果没有情感的内心体验，认识是很难转化为信念的；消极情感的内心体验还会阻碍一个人的正确认识，并且影响着一个人的认识向信念的转化。因此可以说信念是认识和情感的'合金'"①。

因此，培育教师职业信念，就需要提高个体对于教师职业的基本认识，在更高层面上赋予教师职业的高位理解与热爱，方能形成教师职业信念。同时，教师职业信念又是贯穿教师职业始终的过程性问题，对于教师从业的全程实施职业信念教育，让信念根植于教师内心，并不断培育壮大，更进一步体现出教师从业者的人生价值与职业选择，直至形成教育信仰，从而支撑起教师职业信念。大力弘扬尊师重教的文化传统，让教师在不断的尊重、关爱与包容性发展中持续树立职业信念，呵护教师对于专业发展的主动性、积极性与创造性，是域内教师职业信念的重要内容。

（3）专业认知

自国际劳工组织与联合国教科文组织在《关于教师地位的建议》的官方文件中将教师工作视为一种专业活动，教师发展由"职业"向"专业"的发展转型就成为各国教师发展的基本趋势，也成为衡量教师专业发展成熟度的重要指标。提高教师的专业认知，是形成正确的学业认知、职业规划、职业意识、职业道德、自我认知、人生价值观认知的良好开端，更是提高教师自身综合素质的关键。同时，建立良好的专业认知也能够促使教师充分感受到未来职业的挑战和责任，这也为教师专业的良性成长与积极的专业发展动机提供了指引。基于专业认知，专业发展要求教师这个普通的职业群体在一定时期内，逐渐符合专业标准，成为专门职业并获得相应的专业地位。随着整个社会对于良好教育诉求的加大，教师职业的专业化发展势在必行。

教师专业认知主要涵盖教师的专业认识、专业认同度与专业认知行动，亦是说，专业认知直接决定着专业认同度与专业践行度。专业认知的

①林传鼎，陈锦永，张厚粲. 心理学词典 [M]. 江西科学技术出版社，1986：308.

深化，也要求未来的教师，不仅需要专业的知识与能力，更对教师从业者的兴趣提出了更高的要求，对教师专业越感兴趣，对教师的从业前景越乐观，也预示着教师越有可能长期从事教师职业，并期望在此行业有所发展，从而强化其专业忠诚度、坚持度与投入度。

因此，在西部乡村地区，建立较为长效的专业认知教育体系就显得尤为重要。在教育体系的建设中，教师政策、教师制度、教师专业发展模式等方面都有长足的发展空间，西部乡村可以立足区域特点和教师队伍的整体状况"先行先试"，逐步破解教师自主发展的难题。

（4）自主动机

发展动机是促进教师进行专业发展活动的驱动力，教师在何种动机支配下进行发展直接决定着教师专业发展的深度与持久度。自主动机是指个体的行为是在个人意志的驱动下做出的，它与个人的核心自我完全一致，并且体现自己全心全意，优先选择和自我接受的价值观，类似于传统的内部动机。自主动机反映出高质量的自主决定性。

事实上，自主动机更多源于自我决定的相关理论。自我决定理论是美国学者 Deci 和 Ryan 在 20 世纪 70 年代末提出的关于人类行为的动机理论，该理论认为：人是积极的有机体，具有先天的心理成长和发展的潜能，强调人有一种内在的将个人成长和保持心理机能整合一致发展的倾向。自我决定理论并不把动机看作一个单一的概念，也不把动机简单地区分为内部动机和外部动机，而是根据自我决定程度的不同，把动机看作是一个从无动机到有动机，从外部动机再到内部动机的连续体及转化过程。外部动机又可以根据外部规则与个体自我感的整合程度，分为外部调节、内摄调节、认同调节和整合调节四种类型。

如果单纯从学理上分析，外部动机主要指个体的行为受外界环境的制约而产生，通常需要个体付出一定的意志努力，从事一个事情的原因来自活动以外的原因。外部调节与个体的行为与报酬或者避免惩罚相联系，被认为个人行为的原因是渴望得到一个奖赏或者避免一个惩罚；内摄调节认为行为与自尊或自我价值密切相关时，个体就会在乎外部的规则和要求，但却没有接受这些规则和要求。这些规则的遵守与个体的自尊有密切关系，否则他就会感到内疚和羞愧，因而他是受控制的，如义务和罪恶感等；认同调节是当个体充分地认识到某种行为对于自己的重要性，并能够认同这些规则时，他在行动过程中就不会感受到压力和受控制，而是更多地体验到自由和意志，这是一种自主动机的形式，因为个体从事一个行为是自觉发现它重要；整合调节，这是最高程度的外部动机的内化，它与内部动机具有很多共同之处，但它还不是内部动机，因为它还具有工具性的成分，行动本身还不是个人的终极目标动机，当认同调节与别的需要和价值观相当时，这种动机就产生了。

由于人更多是在一种极其复杂的社会活动中生存与发展的能动体，自主发展动机可能先天存在于部分与个体适切度极高的职业当中，但是这其中更主要的是如何将外部动机通过合理的转化与内化，成为教师专业发展所需的自主发展动机，是域内教师专业发展更需思考和关注的重大问题。如果从动态发展的眼光看，教师自主发展动机完全可以是一种从无到有、从外到内、从弱到强的转变过程。这就使得尽早转化和如何转化成为域内教师自主发展意识提升的现实考量。从教师培养、教师准入、教师选拔、教师入职乃至于教师退出都应该建立一整套制度，并形成良性的运行机制。

西部地区应加大各级教师教育政策制定的力度，健全专业机构的介入制度，弱化行政力量对于教师培养、教师准入、教师选拔、教师入职乃至于教师退出的掌控，借以达成促进域内乡村中小学教师专业自主发展意识的变革期许。

# 第五章　西部乡村中小学教师教育图书
# 阅读状况调查研究

近年来，教师教育图书成为出版业界新亮点，苏霍姆林斯基《给教师的建议》、吴非《不跪着教书》、朱永新《致教师》等图书数十万册的销量令业界瞩目。所谓教师教育图书是指专为教师编写的主要探讨教育教学问题，直接用于提高教育教学效果和质量的图书，具体包括教育类教材和学术著作，教育类工具书和教育政策法规类书籍，继续教育读物和培训教材，学科教学指导书和教学经验、教学方法指导书等。①

我国目前中小学教师数量庞大，据《2016年全国教育事业发展统计公报》统计，我国小学、初中、普通高中专任教师约1101万人。②"国家大计，教育为本；教育大计，教师为本"，中小学教师作为终身学习的典范和全民阅读的身体力行者，阅读教师教育图书逐渐成为其提升专业素养的必然途径。系统研究当前教师教育图书在中小学教师群体中的传播与接受情况，思考其出版与传播策略势在必行。

## 一、教师教育图书的价值与意义

教师作为最古老的职业之一，从出现之时便与图书有着不解之缘，探寻教育内在规律和学生成长规律的教师教育图书不断涌现。儒家经典《论语》便是孔子师生教育对话的结集，其中蕴含的教学相长、因材施教等教

---

① 姚成龙. 教师教育图书有效营销五项策略浅谈 [J]. 出版发行研究，2011（7）：49 – 51.

② 2016 年全国教育事业发展统计公报 [DB/OL]. http：//www. gov. cn/shuju/2017 – 07/10/content_ 5209370. htm.

育智慧至今仍熠熠生辉,《学记》《大教学论》等中外教育经典具有超越时代的精神价值。当前我国正处于改革发展的关键时期,享有公平、均衡、高水平的教育,成为人民群众的共同追求,高水平教师是教育内涵发展的重要保证,优秀的教师教育图书作为中小学教师提升综合素养的重要媒介,展现了鲜活生命力和强大影响力。

### (一) 引领教育发展方向

习近平总书记指出:"教育决定着人类的今天,也决定着人类的未来。人类社会需要通过教育不断培养社会需要的人才,需要通过教育来传授已知、更新旧知、开掘新知、探索未知,从而使人们能够更好认识世界和改造世界、更好创造人类的美好未来。"[1] 教师教育图书通过对教育未来的规划,深刻阐释教育的发展趋势,规划未来的宏伟蓝图。如北京师范大学顾明远教授系列著作《中国教育路在何方》《热点问题冷思考——透视中国基础教育 (上下册)》《新高考来了,怎么看,怎么办》等深入分析了我国教育现代化面临的国际和国内背景,翔实阐述了教育领域深化改革的各项措施。联合国教科文组织编写的《反思教育:向"全球共同利益"的理念转变?》审视了当前多元互联世界中的教育状况,重新界定了教育和知识的概念,对世界未来的教育进行了深入思考。

教师教育图书有助于中小学教师从宏观层面思考教育当下的热点问题和今后的发展走向,为坚定推进中国特色教育改革提供了坚实的理论支撑。

### (二) 传播优秀教育思想

教育思想是古今中外教育研究者的智慧结晶,具有高度的概括性、抽象性和指导性,相关教师教育图书正是中小学教师与教育先贤开展对话的重要媒介。《叶圣陶语文教育论集》围绕语文教育进行了深入思考,分别从语文学习、阅读和文章分析、写作教学、语言文字和修辞等方面阐发了

---

①清华大学苏世民学者项目启动仪式在京举行 [DB/OL]. http：//politics. people. com. cn/n/2013/0422/c1024 – 21222123. html.

个人的深入思考，体现了"教育人"文化自觉的追求和探索，具有鲜明的中国智慧和中国气象。苏霍姆林斯基《给教师的建议》一书结合自己20多年从事中小学教育教学的实践，运用教育学、心理学等相关理论从学生、教师、教材、教学方法等多个角度对中小学教师工作中遇到常见问题给予了有针对性的指导。与此同时，广大教育工作者深耕课堂，用辛勤和智慧践行了"立德树人"的教育根本任务。《课堂上究竟发生了什么》《静悄悄的革命》等图书正是课堂实践的集中体现。

教师教育图书充分挖掘古今中外优秀教育思想，其中所蕴含的以人为本、有教无类、勇于创新、教育公平等思想与社会主义核心价值观不谋而合，是稳步推进中国教育现代化的重要精神资源。

### （三）树立教师发展榜样

随着经济全球化和网络信息化步伐不断加快，各种不良价值观念在网络肆意传播，拜金主义、享乐主义、利己主义在部分中小学教师群体中有所蔓延。"部分教师群体中，日渐弥漫的是懈怠、颓废和迷惘的气息……部分教师已经没有了自我更新的意识、勇气和能力。"[1] 这些问题不仅影响了教师个人专业发展，而且对教育整体生态带来了较大的负面影响。教师教育图书中所展现的优秀教师的高尚职业道德、爱岗敬业精神、高超育人智慧、精湛教学艺术正是疗治上述问题的良方。《把爱献给教育的人——霍懋征》全方位、多角度地展示了霍懋征老师敬业乐业、不断自我超越、孜孜追求教育艺术的一生。《岁月如歌》是著名特级教师、首届教书育人楷模于漪的自选集，该书回顾了于漪老师的求学和从教生涯，展示了她立志从教、终身学习、勤于反思、投身实践的教育人生。

中小学教师能从此类教师教育图书中汲取专业发展的精神能量，树立远大的职业理想；在专业发展过程中，心有榜样，勇往直前，获得成功；把握教育规律，珍惜教师生活，提升职业幸福感。

---

①李政涛. 重建教师的精神宇宙［M］. 上海：华东师范大学出版社，2014：91.

## 二、教师教育图书阅读和传播状况分析

中小学教师是"中国梦的积极传播者，帮助学生筑梦、追梦、圆梦，让一代又一代年轻人都成为实现我们民族梦想的正能量"[①]。其阅读状况具有极强的示范性和引领性。研究和分析教师教育图书在中小学教师群体中的阅读和传播状况至关重要。

第十四次全国国民阅读调查报告数据显示，2016 年我国成年国民各媒介综合阅读率为 79.9%，较 2015 年的 79.6% 略有提升，图书阅读率为58.8%，较 2015 年的 58.4% 上升了 0.4 个百分点。[②] 成年国民人均每天读书时间为 20.20 分钟，比 2015 年的 19.69 分钟增加了 0.51 分钟，成年国民整体阅读状况不够理想。华东师范大学"基础教育教师专业发展状况与政策研究"课题组调研成果表明[③]，中小学教师阅读最多的图书是教辅材料，达到 69.7%，其次为所教学科著作，比例为 57.6%，教育教学理论著作为 44.9%，其他专业著作为 20.7%。但是通过相关分析，中小学教师相关教师教育图书阅读状况不容乐观，具体数据如表 5-1 所示：

表 5-1 教师教育图书阅读状况

| 学校所在区域 | 任教学科著作（%） | 教育教学著作（%） | 其他专业著作（%） |
|---|---|---|---|
| 城市 | 16.8 | 5.1 | 4.0 |
| 县城 | 17.9 | 5.6 | 3.3 |
| 乡村 | 17.6 | 6.2 | 5.8 |

为客观准确了解西部乡村中小学教师教师教育图书的整体阅读状况，笔者采用调查问卷与个案研究相结合的方式，以陕西、四川、云南等 500

---

①习近平. 做党和人民满意的好老师 [DB/OL]. http：//cpc. people. com. cn/n/2014/0910/c64094 - 25629946. html.

②搜狐网.《第十四次全国国民阅读调查报告》出炉 [DB/OL]. http：//www. sohu. com/a/135123167_ 660379.

③丁钢. 中国中小学教师专业发展状况调查与政策分析报告 [M]. 上海：华东师范大学出版社，2010：94 - 95.

名中小学教师为调查对象进行分析，回收有效问卷462份，回收率为92.4%。

### (一) 教师教育图书整体阅读量偏低

调研结果表明，对于阅读教师教育图书，86.58%的受访教师表示，"能够开阔视野，优化知识结构"；64.94%的受访教师认为，"可以优化课堂教学，提升课堂效率"；43.29%的受访教师认为，"能见贤思齐，对照榜样发现自身不足"；只有8.66%的受访教师表示，阅读教师教育图书没有太大意义。总体而言，中小学教师对于教师教育图书的价值与意义认可度较高，充分肯定其在教师专业发展过程中的重要地位和作用。

与此同时，中小学教师相关教师教育图书阅读数量堪忧。仅有17.32%的教师年均图书阅读量在8本以上，69.26%的教师年均图书阅读量在3本以下。对于教师教育图书阅读量偏低的原因，中小学教师提出的主要理由集中于"没有时间阅读""图书内容与升学率关系不大""读不懂，图书内容过于枯燥"。笔者的个案访谈显示，相当一部分中小学教师对于教师教育图书阅读效果持有怀疑态度，主要原因首先在于他们认为在当前应试教育环境下，提高学生考试成绩才是"硬道理"，"刷题、考试才是王道"。其次，繁重的教学任务令许多老师疲于奔命，无暇顾及自身阅读，部分小学教师表示面对各种各样的评比检查，宝贵的时间被大量占用，苦不堪言。最后，部分教师收入水平偏低，面对生存压力，捉襟见肘，没有更多资金购买教师教育图书。多种原因共同导致了教师教育图书阅读量整体偏低的状况。

### (二) 教师教育图书资讯传播渠道相对单一

调查显示，88.74%的教师认为自己对教师教育图书有所了解，32.47%的教师表示对教师教育图书比较了解。他们对教师教育图书的了解，60.61%来自教育行政部门或者学校规定阅读，43.29%来源于平面媒体或者网络推介，30.30%来自同事或者朋友推荐，仅有10.82%的教师表示对教师教育图书的认知来源于个人的自发阅读行为。

整体而言，西部乡村中小学教师生活范围较为狭窄，获取教师教育图书相关资讯的渠道较为单一，绝大多数来源于教育行政部门和学校的强力推荐，对相关媒体，如《中国教育报》开展的年度阅读推荐书目等活动关注程度较低，参加相关读书沙龙、新书发布、阅读论坛及相关研修活动的意愿不高，获取新书资讯主动性不强，自发阅读教师教育图书的氛围尚未形成。

### （三）教师教育图书阅读倾向性较为明显

在教师教育图书的具体阅读情况调研中，课题组发现，相关教学参考用书如《教材全解》《高（中）考真题》《高分宝典》《满分作文秘籍》等占据了图书阅读的大半壁江山。在问卷列举的《给教师的建议》《学会生存》《教育魅力》和各学科《课程标准》等经典教师教育图书中，全部看过的寥寥无几，全部没有看过的达到了 62.77%。对于这种状况形成的原因，参与调查的老师提出的理由有 4 个，占比由高到低依次为：第一，教学参考书的指导效果明显；第二，理论著作的实用性不强；第三，个人理论修养不足，阅读理论著作较为吃力；第四，无法及时获取相关图书资讯。同时，教师教育图书区域倾向性较为集中，如在陕西省某地，教师阅读《高效课堂》相关图书的比例极高，其他相关教师教育图书整体阅读率偏低。

由此可以清晰地看出，中小学教师对于教师教育图书阅读倾向性较为明显。广大中小学教师具有提高学生成绩的强烈冲动和热切期盼，因而在图书的选择上，倾向于选择能够为学生学业成绩带来立竿见影效果的教辅用书，甚至义无反顾地跳入"题海"，希望为学生在满满的书山和题海之中找寻到"捷径"。而对于不能直接提升学业成绩的教育教学理论图书则采取"搁置"的态度。同时，部分地区教育行政部门强势推行相关教育改革，相关教师教育图书的阅读成为必要的热身动作，有意无意地加剧了教师教育图书阅读的倾向性。

### （四）乡村教师阅读状况不容乐观

2015 年 6 月，国务院办公厅印发了《乡村教师支持计划（2015—2020年)》，该文件明确指出："发展乡村教育，教师是关键，必须把乡村教师队伍建设摆在优先发展的战略地位。"教师教育图书在乡村教师群体的阅读状况如何？相关调研和访谈显示：阅读状况令人忧虑，相当一部分乡村教师有强烈的阅读愿望，但苦于缺少针对乡村教育的图书可供阅读，目前教师教育图书内容"城市化"倾向较为明显，乡村学校的突出问题如留守儿童教育、学习资源匮乏等未能得到有效关注，乡村教师的个性化阅读诉求未能得到充分满足。个别乡村教师认为，只要把教育的"保底"工作做好，学生在校的人身安全能够得到保障就万事大吉，业余阅读大量集中于休闲读物。

### 三、教师教育图书出版推广建议

调研结果表明，教师教育图书的接受和阅读状况不容乐观，集中表现为阅读量偏少、传播渠道单一、阅读倾向性明显、乡村教师阅读状况不佳。与此同时，中小学教师提升个人素养，专业发展的意愿强烈，这无疑为教师教育图书的可持续发展提供了强劲动力，针对调研现状和发展契机，笔者提出如下建议：

### （一）聚力整合，打造教师教育图书品牌

品牌意识是指消费者对某一品牌的记忆强度。它根据消费者对某一品牌的不同记忆方式进行测量，从"再认"到"回忆"，最终强化为"第一回忆"。对于出版社而言，读者品牌意识由弱到强的过程就是图书品牌形成的过程。① 图书品牌一旦形成，便会形成持续影响力，吸引读者长期消费。多元化的需求、个性化的选择、品质化的体验日益成为教师教育图书选购的品牌标准。因而在中小学教师中形成的图书品牌，建立相应的品牌认同和品牌信任至关重要，这是教师教育图书突破传播瓶颈的必然选择。

近年来，华东师范大学出版社"大夏书系"、商务印书馆"商务馆"系列工具书、教育科学出版社"安园教师书坊"、北京师范大学出版社"京师教师教育论丛"、人民教育出版社"中国当代教育学家文库"、福建教育出版社"梦山书系"等都已形成品牌，市场份额较大。2003 年，取

---

①吴丹. 学术类图书品牌的创建与维护 ［J］. 出版发行研究，2014（9）：67 – 70.

意自"大夏大学"校名的华东师范大学出版社"大夏书系"正式创立，经历 15 年的发展，从无到有、从有到优，出版图书涵盖教育基本理论、教师综合素养、教师专业技能、班主任工作、学校管理、家庭教育等方面，大夏书系已成为教师教育图书的重要品牌。近年来，以"开启民智，昌明教育"为己任的商务印书馆积极推进教师阅读，响亮地提出"为中国未来而读"的口号，出版了"语文教师小丛书""民国经典国文课"等教师教育经典图书，对教师教育图书出版进行了系统规划，形成了良好的业界口碑。

图书的品牌影响力应从潜在的读者开始，各大出版社高度重视对在校师范生开展多种形式的活动，增强品牌宣传力度。人民教育出版社向北京师范大学首届免费师范生捐赠新课标教科书和教育学系列丛书。国内民营教师教育图书品牌"源创一品"向华东师范大学首届免费师范毕业生赠送其精品图书《致青年教师》。商务印书馆向陕西学前师范学院等地方师范院校毕业生赠送《新华字典》，希冀"未来教师"规范使用祖国语言文字，讲好中国故事。同时商务印书馆在全国建设乡村阅读中心，关注乡村教师阅读生态的提升和优化。品牌推广活动有力增强了相关教师教育图书的市场影响力。

### （二）搭建立体化教师教育图书推广平台

第十四次全国国民阅读调查报告数据表明，2016 年我国成年国民对图书（包括纸质图书和电子书）的价格承受能力与去年相比略有提升。尽管 51.6% 的成年国民仍倾向于"拿一本纸质图书阅读"，但"手机阅读"比例已达 33.8%。成年国民听书率为 17.0%，有过听书行为的国民人均花费在听书上的费用为 6.81 元。数字阅读的优势更加凸显，尽管教师教育图书有自身的特点，如阅读群体相对"小众"，图书内容画面转化力度不足，但数字出版的潮流必须适应，选择条件较为成熟的图书进行数字出版，转换为"听书"等形式，方能赢得更多市场份额。

在图书营销推广上，应针对中小学教师自身特点，采取传统媒体推广、名家推荐、读书沙龙、网络（微信）营销、现场签售等多种营销模式相结合的立体传播渠道。长江文艺出版社《致教师》就是成功的案例，该书采取媒体宣传、学术研讨、微信营销、网络推广、集体团购等多种形式，一年之内创造了销售 20 万册的不俗成绩。教师教育图书较之于畅销书而言最大的特点是一旦推广成功，就会转化为"长销书"，在营销推广的过程中可以采取"深耕细作"的模式，如通过权威平面媒体推介、社会名流和一线名师作序的方式扩大影响力；同时，利用互联网，如微信公众号、微博等平台开展作者访谈、读书分享等互动交流活动；联合相关教育行政部门、中小学教师培训机构、乡村中小学开展教师教育图书系列活动（如征文比赛、读书节、阅读分享会），提供阅读综合服务。逐渐从免费公益活动过渡为有偿收费，最大限度地扩大广大中小学教师对相关教师教育图书的了解范围，增强认知程度，最终实现广泛传播的效果。

# 第六章　西部乡村中学地理教师
# 阅读状况与改进建议

2015 年 6 月开始，课题组联合全国中小学教师继续教育网对陕西、甘肃等省区乡村 500 名中学地理教师阅读状况进行了调研和访谈，共发放问卷 500 份，回收有效问卷 462 份，回收率为 92.4%。课题组对问卷和访谈进行了较为深入的梳理和分析，得出相应的结论和建议。

## 一、中学地理教师阅读基本状况

随着基础教育课程改革的持续深化，全民阅读行动的不断推进，广大地理教师强烈意识到，终身学习不再是一句口号，阅读已成为一种生活方式。

### （一）教师阅读愿望较为强烈

调研数据显示，教师阅读愿望较为强烈。86.58% 的教师表示，"阅读能够开阔视野，优化知识结构，很有必要"；64.94% 的教师认为，"阅读可以优化课堂教学，提升课堂效率"；43.29% 的教师认为，"阅读能见贤思齐，对照榜样发现自身不足"；只有 8.66% 的受访教师表示，阅读没有太大意义。在访谈过程中，许多教师表示，课程改革要求地理教师不仅要具备地理学专业知识和广博的人文基础知识，同时还应具备良好的师德素养、丰富的儿童心理学素养、教学设计素养等，高等师范院校开设的课程不能完全满足教学需求，需要在工作实践中通过大量阅读来"补课"。

### （二）学校图书资源较为丰富

近年来，国家"精准扶贫"政策力度进一步增强，乡村学校图书馆条件有了明显改善，图书得到有效补充。54.11%的教师认为"图书馆资料丰富，可以完全满足教学需要"；21.65%的教师认为"图书数量较多，基本可以满足教学需要"；10.82%的教师表示"图书馆图书陈旧，不能满足教学需求"；13.42%的教师认为"图书馆建设比较滞后，自己基本不去"。访谈过程中，绝大多数教师表示，图书馆作为学校的重要组成部分，购置了部分地理教学相关的图书和杂志，为促进教师专业发展提供了有益帮助。

## 二、中学地理教师阅读存在的问题

第十四次全国国民阅读调查报告数据显示，2016年我国成年国民图书阅读率为58.8%，较2015年的58.4%上升了0.4个百分点。成年国民人均每天读书时间为20.20分钟，比2015年的19.69分钟增加了0.51分钟，成年国民整体阅读状况不够理想。与之相对应，西部乡村中学地理教师阅读也存在着一些较为突出的问题：

### （一）教师阅读数量不足

数据显示，11.90%的地理教师年均图书阅读量在10本以上，15.15%的教师年均图书阅读量在5~9本，70.13%的教师年均图书阅读量在3本以下。之所以出现这种情况，教师们认为主要有3个原因：首先，"应试教育"环境的制约，当前家长和学生最关心的是中考和高考成绩，教师大量的时间被用于研究应试之道，无暇阅读。其次，部分教师认为地理是"薄弱学科"，只要把地理教材和教学参考书的相关内容掌握好即可，无须再阅读其他相关图书。最后，部分教师收入较低，没有多余资金购买符合自己阅读兴趣的图书，客观制约了教师的阅读数量。

### （二）教师阅读种类单一

调查数据显示，地理教师阅读主要集中在地理学科指导书，如《教材全解》《基础知识手册》《高分秘籍》等图书；部分教师大量阅读休闲类图书，在问卷列举的《地理学思想史》《中学地理素养教育》等地理教育书籍，阅读过的老师仅占21.65%；《给教师的建议》《学会生存》《教育魅力》《地理课程标准》等经典教育图书中，全部读过的寥寥无几，全部没有读过的却占 62.77%；只有 20.56% 的老师阅读过《中学地理教学参考》《人民教育》《中国教育报》等教育类报纸杂志。通过访谈发现，部分地理教师具有提高学生成绩的强烈愿望和热切期盼，因而在阅读过程中存在"功利主义"倾向，阅读兴趣集中于应试指导书，追求"短、平、快"的效果。

### （三）教师阅读自主性差异较大

不同年龄阶段和区域的教师阅读自主性差异较为明显：在访谈过程中，教龄在 1~5 年的新手阶段的地理教师阅读愿望强烈，大量阅读了相关的地理学、地理教育、经典教育图书；从教 6~15 年的胜任阶段的地理教师对地理教学研究、教学艺术、教学设计图书更感兴趣；从教 16 年以上的熟练阶段的地理教师出现了明显的两极分化，一方面少部分教师努力钻研教育理论著作，提炼自我教学思想，另一方面，相当一部分教师开始陷入职业倦怠，阅读活动几乎停滞。由于校园条件相对较好，教学工作量相对较小，城镇学校的地理教师基本为专职，他们有时间进行地理教育专业图书的阅读；乡村学校的地理教师多为兼职，专业图书的阅读时间无法得到保障。

### （四）教师阅读氛围较差

在调研过程中，相当一部分地理教师表示，所在区域教师阅读整体氛围较差：86.58% 的教师认为学校没有制定相关的阅读激励机制，教师阅读处于自发状态；大部分教师表示，学校没有专门开展读书分享交流活动，教研组内的阅读分享活动大都流于形式。"一个人走，可以走得很快；一群人走，可以走得更远"，缺少交流合作的教师阅读更容易走向衰落。

### 三、中学地理教师阅读状况改进建议

基于上述调研发现的教师阅读存在的各种问题，课题组提出如下改进建议：

## （一）教师应增强阅读主动性与自觉性

"一个人的阅读史就是他的精神发育史"，阅读是提升地理教师综合素养的重要途径，具有重要的价值和意义。地理教师应跳出"功利主义"阅读的泥沼，正如北京市某学校的特级教师魏勇所言，"我发现许多文科教师没有读书的爱好，他们全心全意地在应试的主流中搏击。而我多数时候在岸上闲逛，偶尔下水跟他们同流，既要生存又要超越生存"。这正是地理教师应该警惕的现象。

地理教师一方面应大量阅读纸质图书报刊，如《地理学思想史》等学科理论图书，《教有智慧的地理》《教育中的心理效应》《致教师》等教育理论书籍，《中学地理教学参考》《地理教学》《人民教育》等教育类报纸杂志，不断跟踪学术前沿；另一方面应有选择地进行数字阅读。第十四次全国国民阅读调查报告数据表明，2016 年 51.6% 的成年国民仍倾向于"拿一本纸质图书阅读"，但"手机阅读"比例已达 33.8%。成年国民听书率为 17.0%，数字阅读的优势更加凸显。连片特困地区教师可以通过互联网，如微信等进行数字阅读，便捷地获取学术资讯，克服地域资源匮乏带来的诸多不便。

## （二）学校应提供较为充足的图书资源

当前，西部乡村学校图书资源建设受到广泛关注，提升力度较大。学校在图书选购过程中要克服地理"小学科""薄弱学科"的倾向，确保相关图书的采购。首先，及时补充地理学理论书籍，促进地理教师知识结构优化；其次，适度补充区域性地理图书，如《行走西藏》《魅力甘南》等，为地理校本课程开发提供相应的课程资源。再次，大量补充人文类图书和通识类教育图书，如《行者无疆》《给教师的建议》《教育常识》等，可供全体教师阅读。最后，学校可以购置相关电子数据库，如中国知网、超星数字图书馆等，打开教师阅读的另一扇窗，为教学与研究的融合创造良好基础。

### （三）教育行政部门应创设阅读保障机制

教育行政部门要积极行动起来，创设多种条件和机制，确保教师阅读活动顺利开展：一方面，在相关培训活动的实施过程中，立足区域内地理教师实际，针对教师需要开设"地理教师专业阅读指导"等专题课程，切实提高地理教师的阅读水平，交流阅读心得；另一方面，相关业务指导部门可以组织区域内地理教师开展读书沙龙或阅读分享活动。评选"读书之星"，组建教师阅读交流共同体，有效提高区域内地理教师的阅读整体水平。

### （四）出版社应出版符合地理教师实际需求的图书

当前我国绝大多数出版社已经实现"转企"，经济效益日渐成为每个出版社的"紧箍"。由于地理教师整体数量偏少，相关图书预期发行量较低，出版社缺少出版热情，市场上针对西部乡村地理教师需求的图书整体而言数量不足。北京师范大学出版社《我的教师梦：地理教师成长叙事》是近年来为数不多的为地理教师专业发展提供专门指导的图书，该书选取15 位地理教师，采用"我的教育自传""我的研究之旅""我的田野笔记"等三个板块，介绍了他们的成长故事，具有较强的指导价值。为西部乡村中学地理教师奉献更多的精品图书，应是有责任感的出版社共同努力的方向。

教师是终身学习的典范和全民阅读的身体力行者，阅读是教师提升专业发展的原动力。不断优化阅读环境，为地理教师专业成长找寻支点，让地理教师在阅读中不断反思，在反思中不断自我调整、自我建构，最终实现持续不断的专业发展是我们共同的期待和责任。

**成长案例**

# 向着诗和远方追去

## ——我的专业发展之路

邓爱华

> 如同秦巴山区的一棵翠竹，没有高大的形象，却有坚韧不拔的精神；没有春华秋实的烂漫，却有四季常青的执着。24 年前，一份"教二代"的情怀，指引我扎根教育园地，种桃种李种春风。
>
> ——题记

## 一、教坛启程：问渠哪得清如许

我是一个名副其实的"教二代"，父辈扎根乡村、清贫淡泊的身影是我最深刻的童年启蒙。1996 年师范毕业，我被分配到汉中市洋县北部山区的花园乡完全小学任教。

那年的暑假似乎特别漫长，得知分配结果，当老师的父亲一边安慰我一边帮我收拾行李。父女俩蹬着自行车开始了漫长的骑行，清早出门穿越平川进入堰口，山越来越高，坡越来越陡，拐进花园桥，头道梁二道梁三道梁，一梁比一梁高！进山之后全是泥泞小路，自行车走不了几米车轮就会被塞住，父女俩不得不下车，折一截树枝戳车轮子的泥巴，两只鞋子早已看不出鞋的模样。就这样走走停停，夜幕降临之际，终于看到了小山洼里一抹微弱的灯光——我人生的第一所小学。尽管我千百次地想象过那个深山里的荒凉和落后，但当它如此灰暗落魄地出现在我眼前时，心里还是不由一阵担忧。

一排低矮的平房，一方没有围墙的操场，一根摇摇欲坠的旗杆，一面斑驳的木头黑板，六名老师，五十几个学生，成为我教坛启航的第一站。那年，我才十七岁。

学校的第一顿饭就让我生畏，和学生一起劈柴、挑水、蒸米饭，蔬菜永远只有土豆和白菜；夜晚，空旷的操场上，陌生人的脚步和不知名动物凄厉的叫声划破夜空，常令我惊恐不已。校长不得不每天叮嘱我，晚上务必锁好门，并用木棒将门死死顶紧；宿舍里，小老鼠经常造访，不仅偷吃我的方便面，还上蹿下跳逗我玩，我常常蜷缩在被窝里和它对峙，一僵持就是几个小时……我经常茫然地望着层峦叠嶂的大山，陷入无尽的忧伤，什么时候才能回家？这样的工作还要干多久？怎样才能让自己在这里的时光变得快乐一点？

现实和梦想差之千里，第一要务就是解决温饱问题。学校虽小，却有二十多个住校生，20 世纪 90 年代，秦巴山区条件非常艰苦：一捆干柴、二斤米、一瓶咸菜是孩子们每周到校时的必备"三大件"。我和学生很快打成一片，一起劈柴、挑水、蒸米饭、刷锅、洗碗。那时的我，既是老师又是保姆，更是一位贴心的姐姐。

正在长身体的孩子可不能顿顿吃咸菜，怎么办？每周回家，我的单车上就会绑满"货物"：蔬菜、零食、牛奶，犹如"百宝箱"。山里不缺少土地，我带领学生在学校周围荒坡上开辟菜园，小白菜发芽了，黄瓜挂果了。学生自己种地享受美味，享受劳动的乐趣。我们还未曾想到，多年后这样的"开心农场"，竟在很多城市学校的方寸土地上悄然兴起。然而那时，我仅仅只有一个朴素而强烈的愿望——让山里的学生和自己都能吃上有营养的饭菜。

而真正让我找到快乐的，是一次偶然的谈话——我的隔壁是女生宿舍，住了十个年龄不等的女孩子，她们也是我在这里最好的伙伴。女孩子们喜欢唱歌，但山区师资匮乏，课程欠缺，能上完语数课程都成为奢望，所以在这之前，她们没有上过正规的音乐课。

读师范时兼修琴法的我，很快找到了解决的途径：角落那架落满尘土的脚踏风琴，经过我的修理后奏响了山沟里的第一缕琴音。每天一节课，我把全校学生聚到一起来上音乐课，独创了属于自己的复式教学法。就这样，我终于在这所偏僻的小学里找到了令我快乐的事情，现在回想起来，那是多么温暖啊！

太阳暖烘烘的，周围是野花、小溪和山峦，他们围坐在操场上，扎着马尾的小老师弹着琴，仰着脸的孩子们唱着歌，从《小小牵牛花》唱到《让我们荡起双桨》。这琴声像充满魔力一般召唤山里娃的求知若渴，也召唤着自己烂漫盛开的教育梦想，这是世界上最优美的旋律，这是世界上最质朴的教育。

每次看到孩子们的笑容和渴望，我就充满了用不完的精力，我不再孤单了，时间过得飞快，弹琴、读书、练字，与世隔绝般的生活里我带领着一群小鸟飞来飞去。学校第一次参加了镇上的艺术节演出，人们惊叹山沟沟里竟然出了个合唱团！我的复式教学法结束了学校一人包班随意上课的历史；我主持升旗仪式，破旧的旗杆上终于升起了鲜艳的国旗；我组织学生春游写生，带上锅灶在小河坝野炊；孩子们走出大山，坐班车翻山越岭到县城学校参与活动……学校亮起来了，学校活起来了。欢歌笑语、琅琅书声和我们纯朴的笑容，照亮了山沟里的天空。

这种成就感和孩子们对我的依恋，成为我在这里待下去最强大的理由，直至我带的班级小学毕业，我才同意调动回家乡的一个平川小镇。那一天，我回去搬行李，"邓老师回来了！"全校的孩子闻讯从教室里涌到我身边，他们将大把的野菊花插满我的自行车，帮我提着被子、拎着水壶、抱着箱子的小手怎么也舍不得松开。送君千里，终须一别。我在操场上为他们上了最后一节音乐课，歌曲名是《送别》：长亭外，古道边，芳草碧连……

翻开那段农村教书七年的档案看，发现自己除了埋头教书，除了自学本科学历，除了琴棋书画，除了享受和学生在一起的单纯岁月，我平凡无奇。没有任何获奖，没有任何大型公开课的记录，没有任何荣誉，这真是个"孤独沉滑"的阶段。但是，这七年，我读过的书、画过的画、写过的文章、上过的课，哪一样又是多余的呢？在平静的表象之下，生命的能量、梦想的力量却在不断灌注、不断强大。

我曾经害怕过大山，拒绝过大山，怨恨过大山，最终也离开了大山，但我却要感谢大山！是大山，让我的教育梦想扎根在最朴实无华的大地上，绽放着一代"中师生"奉献山村教育的最美芳华，也成就了我教育之路上不倦求索的最美"初心"。

我的梦想，才刚刚开始！

## 二、初出茅庐：小荷才露尖尖角

2003年9月，小县城第一次公开招考城区学校教师，在农村辗转五所学校之后，我通过考试调入洋县南街小学——一所县局直属的重点小学。等我匆忙从乡下赶往学校的时候，已经是开学的第三天。

初来乍到，在这所名师荟萃的学校，我如同进了大观园般小心翼翼，处处充满着新鲜好奇和对新生活的渴望。学校的工作基本已经安排到位，我便在教导处临时顶课。那段时间，我没有固定的班级、年级和科目，语数英、音体美我门门不落，有人公差请假耽搁开会，我迅速顶上流动上岗，犹如革命一块砖，哪里需要哪里搬。

不知不觉三个月过去了，新调入的老师按惯例要进行公开课。安排公布之后，我发现里面没有排上我，大约是遗忘了还有我这样一个新老师。有人无比羡慕我的"好运气"，我却在心底暗自失落。我是老师，怎能不上讲台？我是正式教师，为什么要被遗忘？于是，我第一次勇敢地走进了校长办公室——我也要参加新调入教师的公开课！这个请求，在大家惊讶的目光中，温柔而坚定。

于是，有了后来的故事——一个"小菜鸟"的转折点。

下课后，校长点名正式约见了我。"课上得不错，有个新任务要交给你，有信心吗？"原来，一年级实验班的袁老师要退休了，她是一位资深的优秀教师，班级很多孩子都是慕名而来。2003年正是全国课程改革轰轰烈烈推进的第一年，学校对谁来接替她的工作是慎之又慎。现在，这个光荣而艰巨的任务落在我的肩头。

我可以的！我可以学！我一定能胜利完成任务！我兴奋不已也自信满满，我终于在这所学校有了立身之地，我有课带了，我可以当班主任了。我暗暗下定决心，一定要握好袁老师的接力棒。于是，我就这样成了第一批参与课程实验的教师。当然，谁也没有想到，当年的这位候补选手会成为今后学校课程改革的骨干力量。

那年暑假，全县新课程课堂教学研讨会在南街小学隆重召开，我被学校推荐讲公开课，讲授一年级语文《菜园里》。这是我人生第一次走出校门的公开课。

精通业务的校长找来县教研室资深教研员张定华老师联合对我进行指导，我也是文山书海精雕细琢。做课件找不到合适的图片，我跑到楼下蔬菜店里索要海报；到菜市场寻找课文里的蔬菜实物；反复练习每一个要书写的板书；教案一次次修改重建……就是这一堂公开课，两百多人的教室连门外的过道也被挤得水泄不通。孩子们在下课之后全体起立报我以热烈的掌声。工作八年后，初出茅庐的我，终于以小小的成功，成就了"小荷才露尖尖角，早有蜻蜓立上头"的美丽开始。

任何时候起步，都为时不晚。机会，常垂青于有准备的人，更垂青于准备得特别充分的人。不知道是机会一直垂青于我，还是我一直在准备。从此，我的公开课之路一发不可收拾了。连续六年课改，我成为连选连任的"课改达人"。每学期至少两次市、县级以上公开课，从识字课到阅读课，从作文课到两课时全覆盖课例，地点从洋县到汉中到西安，再到更远的地方。

### 三、锤炼课堂：为伊消得人憔悴

成功的起步给予我莫大的鼓励。我不断地寻求常思常新的源头活水，记录了数十本的自学笔记，写下了十余万字的体会反思。如饥似渴，学以致用，使我这个起步很低的中师毕业生，通过后天努力也能拥有一个优秀语文老师应有的知识储备，经过不断地钻研磨砺，形成了情景交融、深入浅出的教学风格。

除了上省市的公开课和参加全国大赛，我还承担多个研究课题，参与各级教师培训。同事们都笑称我为"学校的大忙人、全把式啊！"是的，我就是这样一个大忙人、工作狂。我的全部热情奉献给了我的学生，我的讲台，我的校园。我在签名档里写着——"每天叫醒我的，不是闹钟，而是梦想！"

那真是个梦想飞扬的年代！从学校出发，一步一步追梦在属于自己的三尺讲台——站上讲台，站稳讲台，站好讲台，我一直在路上。

《望庐山瀑布》是我上过最多、最成功的一节课。

第一次，是 2011 年赛教，凭此课拿到省级赛场的入场券。

第二次，是参加第三届小学语文阅读教学大赛，获得一等奖。

第三次，是参加第六届教育资源展示，主要体现多媒体、电子白板交互使用，获得一等奖。

第四次，是汉中市信息化应用推进会示范课。

第五次，是汉中市 2012 年小语年会示范课。

第六次，是小学语文学科带头人研讨，古诗词教学。

……

其中，对我影响最大的是 2012 年的陕西省第三届青年教师阅读大赛。我在初选的近千个课例当中脱颖而出，代表汉中市出战决赛，这对于一个小县城的老师，是一份意外的惊喜。

准备是极其充分的，上至市县教研室，下至学校教研组都非常重视，成立了磨课小组，确定了采取"读—画—背"三个教学环节的"诗画学古诗"理念。临赛前接到通知，上课时间由 40 分钟改为 30 分钟。于是"背"的环节时间将不够用，极有可能随时被"喊停"。赛教时遇到陌生的学生无法完成"背"的任务，该怎么办？未知，都只能交给课堂。

西安市 505 体育馆，360 度无死角的圆形大会场，我作为第二个选手登上讲台。

问好、互动、开课、导入，一切顺利进行。"孩子们，你们去过庐山吗？让我们一起走进诗情画意的庐山之中"——播放视频。视频没有如期打开，弹出的对话框提示程序有误。我慌了，没有一点准备，视频竟然卡住了，再点便完全黑了屏！工作人员一阵倒腾之后也爱莫能助。我在慌乱无助中度过了五分钟，几千双眼睛都注视着我，我必须让自己"静"下来。

我调整情绪，好吧，没有多媒体我就自己画，日常课堂上我的简笔画还算过硬。

"瀑布该怎么画呢？"

"老师，我想画成直的，而且画得速度要快一点，因为是飞流直下嘛！"学生抢答。大家拿起笔，怎么能画出这"飞流直下"呢？

"瀑布该画多长呢?"

"三千尺""落九天",孩子们争先恐后抓诗眼。

"老师,是很长很长,很高很高,夸张。"

寥寥数笔——"日照香炉生紫烟,遥看瀑布挂前川"——一幅香炉峰飞瀑图就出现在了孩子们的面前。就这样,在孩子们的自我发现和品悟中,"画"出了新意,"画"出了生成,"画"出了惊喜。因为意外上课时间不够用了,画完之后,我跳过了讲解、抒情和拓展,直接进入了"背"的环节。

"看着图画我们便想象画面试背一遍""带着动作来背一遍""两个小组来比赛背一遍""想想,我们可以用什么的方法更快更准确地背下一首古诗呢?"……"丁零零——"清脆的哨音中终于下课了,我被拯救了般恍然如梦,在礼貌性的掌声中走下讲台。

我想我肯定是上砸了!至少,我们磨课团队那些精心的设计都因为意外状况而被我改得面目全非,这似乎,更像一场常态课的随机生成和临时发挥。有点沮丧,又隐隐抱怨那台破机器,不偏不倚在我上课时就出了问题,抱怨自己在关键时候"掉链子"。

总结大会场宣布奖项,我默默地坐在角落,只听主持人"一等奖获得者,陕西师范大学附属小学……汉中市洋县南街小学邓爱华老师"。我惊呆了,我周围的同事立马欢呼起来,推着错愕和意外的我向领奖台走去。犹如做梦一般,听到专家的点评:"诗中有画,画中有诗,读诵画背,趣味盎然。"原来,我认为失误的现场绘画和不知道时间的背诵环节,竟然意外地成为亮点。

这难忘的一课,让我深深地体会到:意外往往考验着教师的智慧,也蕴含着这全新的生成,要用勇气直面真实的课堂。福祸相依,生活亦是如此,不要拒绝生活的惊喜。

《望庐山瀑布》成为我的"成名课"。

就是这样上,就是这样磨,就是根据每次要求的不同、学生的不同,不断地重新调整,选择适合于当时情况的最佳教学方法,这种不断反思、不断推翻自己的过程令我很痛苦,我也几乎进入教学的瓶颈,似乎"为伊消得人憔悴",为课而累,为课而阻。

无意间在一本杂志上看到一篇文章，让我受到启发：活跃在教坛上的大师们，其实也是反思的高手：窦桂梅的《秋天的怀念》开篇，九易其稿；王崧舟的《二泉映月》《只有一个地球》三个版本截然不同；靳家彦的《陶罐和铁罐》，常上常新，都得益于他们高超的反思能力。

大师们对课的精益求精的态度，一下子让我不再纠结。因为上古诗词课，我开始成为王崧舟老师铁粉。王老师的那本《诗意课堂》对我产生了极大的影响。他写道：一堂好的语文课，存在三种境界：人在课中、课在人中，这是第一重佳境；人如其课、课如其人，这是第二重佳境；人即是课、课即是人，这是第三重佳境。境界越高，课的痕迹越淡，终至无痕。因此，课的最高境界乃是无课。

默默读书，淡淡上课，静静反思，这些精雕细琢的公开课带给我的苦恼和迷茫慢慢解开。教师的职业人生，存在于课的每一个当下；课的每一个当下，成就了你的人生。语文人生、人生语文。糟糕的、浮躁的、粗野的、暴戾的语文课成就了你糟糕的、浮躁的、粗野的、暴戾的人生；反之，诗意的、宁静的、优雅的、温婉的语文课成就了你诗意的、宁静的、优雅的、温婉的人生。这实在是职业生命的不二法门。用心体会，超越自我，便能从课中豁达。

在一次培训中，我有幸结识了特级教师张祖庆老师，张老师送我"家常课养人，公开课炼人"这一至理之言。是的，一个教师的专业成长，离不开公开课这个特殊的舞台。拿出公开课时的精心准备来上好家常课，拿出家常课时的举重若轻来上好公开课，何尝不是"境随心转，心随境安"呢？公开课不是洪水猛兽，更不是虚假作秀，享受课堂，就是自由，就是幸福，就是诗意，就是教师获得成长的源头活水和必经之路。

感谢那些年，我上过的公开课。

### 四、破茧成蝶：柳暗花明又一村

可是我的成长之路并非一帆风顺。

2011 年，是我人生最挫折的一年。

那一年，在陕西省教学能手评赛活动中，踌躇满志的我一路披荆斩棘，稳稳地进入了省级复赛。赛前宣布比赛年级为四、五年级，而我准备的仅有四年级。"四和五"与"四或五"一字之差却相隔着两本教材的距离。而此时，我显然已经没有时间，因为紧接着的抽签，我就抽到了"1"，作为全省大赛第一个出场的选手，我彻夜无眠在网上搜索五年级的语文教材连夜恶补，心中仍有一丝侥幸——我会抽到四年级。

天很快亮了，出租车行驶在清晨最拥挤的道路上，我坐在车上梳头，勉强给镜子里的自己一个微笑。盛夏的雷雨噼里啪啦地落下来，我走进高新二小，球鞋踩着的水滩，"咔嗒咔嗒"，小心翼翼地走，却还是在裸露的脚踝上甩出一个个狼狈的泥点。抽签，我暗自祈祷，那个实干自信的人，第一次把上课这件事情交给了看不见的好运。

后来的故事，大致就是个悲剧。好运不会每一次都降临，我意料之中地抽到了五年级，我完全没有来得及看到的那一单元。86.7 分，不是特别低的分数，却在严苛的标准下恰恰成为落榜的分数线。

我落选了！这个消息让很多人深感意外，这对于在小学语文领域努力多年的我来说，真是一次惨痛的挫折，十年磨一剑的漫长等待，三个月与书为伴的寝食难安，却终是惨淡而归。

想起那个夏天的夜晚，我在西安冰冷的大街上走着，身边车水马龙，我却不知道该如何安慰自己的失落……没有怨天尤人，没有一蹶不振，微笑面对，哪怕心里流淌着一条悲伤的河流。从哪里跌倒，就从哪里爬起来。教学之路绝不是因为某一次的成败而论英雄。这不是娱乐圈，这里没有一夜成名的神话，有的只是冰冻三尺而成就的智慧。我愿重新来过，趁我还年轻，我梦想还没死，趁泪腺还滚烫，趁面容依然炙热。

痛苦之后我有了新的感悟——真正让你成长的，一定是你跌倒的时候！在跌倒的地方，拾起粒沙子，在岁月的贝壳里，让它磨砺成珍珠！

接下来的一年，我紧张备战小学语文六年的课程，一课课磨，一篇篇备，一次次教，一遍遍改。向专家请教，向同行学习，向学生求取一手资料。积沙成塔，积水成渊，读了多少书，磨了多少课，写了多少字，已没法计算。现在已经长大的儿子经常和我开玩笑说：妈妈的军功章有我的一半。此话没错！那两年，我每天晚上在儿子做完作业后，软硬兼施地把小学四年级的他骗到书房，一课课给他讲，让他当我唯一的听众，并且从他的反应中来反思自己的教学。

就这样，在师父和同事们的鼓励帮助下，在家人朋友无私的支持之下，我踏上了破茧成蝶之路。那一阵子，我案头常放《平凡的世界》，这本朴实无华的书，倒背如流的情节，栩栩如生的人物，成为我最好的精神向导。

> 无论是谁，我们都曾经或正在经历各自的人生至暗时刻，那是一条漫长、黝黑、阴冷、令人绝望的隧道。然而生命的意义，就是在困难面前的不低头、不气馁，就是不断地去战胜困难，战胜自己。只有初恋般的热情和宗教般的意志，人才有可能成就某种事业。
>
> ——《平凡的世界》

少平挺过来了，凭借着坚忍不拔和永不服输的精神，初衷不改，保持对理想生活的执着追求，鼓起勇气跨越一道道难关，成为生活的强者，思想的强者。而职业生涯中的我，就如同那些闯荡生活的人们，风雨中这痛算什么？亦能如少平一般，拥有敢于主宰自我命运的勇气，敢于挑战现实困难和未知世界的胆识。

"梅花香自苦寒来，宝剑锋从磨砺出"，2012年，我再次出发，最终以92.97分的优异成绩摘得"陕西省教学能手"的桂冠！这一年，我受邀参加陕西省教师节庆祝表彰大会。也正是这次赛教的波折经历，让我看到三尺讲台的别样风景，看到教育路上的学无止境，看到了永不言弃的精神曙光！这就是一个普通教师成长路上的挫折和奋斗。经历挫折，更能笑对人生。因为我明白，职业的价值，教师的尊严，生活的意义。如何抵达生命的终点，是我们一生没有彩排的演出。

### 五、抱团前行：黄沙吹尽始见金

成长至此，是否应该好好歇歇了？

陕西省三级三类骨干体系的建设，又给我树立了新的前行目标。

2014年，我被评选为陕西省首批学科带头人，陕西省教育厅成立了以我名字命名的"邓爱华小学语文学科带头人工作坊"，这是汉中地区第一个小学语文工作坊。我需要继续前行，不再是我一个人，而是一个团队，未来的道路遥远而美好，充满着未知的期望和吸引力。

在我的带领之下，工作坊的足迹遍布陕南的山山水水，最远到达安康市岚皋县和三省交界的宁强县青木川镇，所经路程有近万千米，在省内外开展讲座，上示范课百余次，一万多名教师接受培训，十几位教师与我结为师徒，还有网上交流、资源共享、线下论坛、民间组织、送教下乡等。工作坊成立以来，培养出省级教学能手十名，市、县级教学骨干二十余名，指导老师课例论文在省级以上获奖十余次。

2017 年 11 月，国培计划陕西省乡村教师工作坊高级研修项目正式启动，我被遴选为陕西省乡村教师工作坊主持人。学习是一场相遇与对话，我正式成为"双冠"省级工作坊坊主。我要带领的是三百多位来自全省不同区域的小学语文教师。"实体＋网络""线上＋线下"，我们之间素未谋面，隔屏神交，以"群"相聚，以"坊"为家，开启了新的共同成长之旅。

> 我不去想，是否能够成功，
>
> 既然选择了远方，便只顾风雨兼程。
>
> 我不去想，身后会不会袭来寒风冷雨，
>
> 既然目标是地平线，留给世界的只能是背影。

我选择了坊主，就选择示范、榜样、引领、奉献；坊员选择我，就选择了学习、共进、研修、抱团。工作坊活动交相辉映，但第一次主持网络工作坊，新手上路，我似乎又回到了二十年前初登讲台的忐忑不安。我们需要开"直播"，学员们翘首以待，我怎能退缩？我开始学习新的知识，"get 新技能"。我尝试了 QQ、微信、抖音、快手、钉钉、快播等多家直播网站，注册用户，试用体验，加入课程圈，"潜水"偷师学艺；自己购买了支架、话筒、录音笔等，确保设备齐全。最难忘的是每一次新的尝试，以小组为单位建立学习共同体，根据学员需求发起坊内研讨活动。

两周之后，我在中国名师课程直播网课的协助下，终于开通了我的第一次网课《教好中国最美古诗词》。当我看到朋友圈传播分享直播二维码的时候，当我坐在电脑旁向全国近万名教师侃侃而谈的时候，当我看到素未谋面的教师们数千条留言点赞的时候，当我接通一个来自榆林乡村教师的视频连麦的时候……我感受到了一人一个团一个世界的神奇，感受到了一群人一起走一起成长的幸福。

就这样，我成为工作坊及汉中地区的第一批搞教学直播的"网红教师"，先后开设直播课程、讲座、培训二十余次，有近五万教师收看参与。无独有偶，2020 年疫情期间，特殊的开学季，当教师全民变主播的时候，我又成为"停课不停学"的网课先行者，工作坊的老师们散落到不同地区的学校，无论是都市还是乡村，无论是城镇还是山区，他们轻车熟路，热情好学，成为网课的中坚力量，以星星之火燎原教育。

2017 年，我的学科带头人工作坊被评为陕西省校本研修优秀集体；2018 年，我的陕西省乡村教师工作坊被评定为优秀，并在国培计划宁夏银川的全国交流大会做经验分享："示范引领——做样子；团队建设——洗脑子；明确思路——指路子；授之以渔——教法子；精准严实 ——给尺子；驱动激励——压担子"，这"六子法"得到了与会专家和同行的好评，被中国教育网、陕西省教育厅官网、宁夏电视台等多家媒体报道。鹰一样的个人，带出雁一样的团队，当年轻教师们获得成功的时候，我比自己成功时更快乐更幸福！我想，我与自己的教育理想又近了一步。

那么，就勇敢地砥砺前行吧！因为，黄沙吹尽始见金。

## 六、重新启航：直挂云帆济沧海

"人生的道路虽然漫长，但紧要处常常只有几步。"关键事件、关键人物、关键荣誉，就是我们成长道路的里程碑。"全国百佳优秀语文教师""全国优秀教师""全国教书育人楷模候选人"，这便是我的三部曲。

那一年，拿到陕西省教学能手之后，我背着行囊只身进京，参加全国第三届青年教师成长论坛，成功捧得全国百佳优秀语文教师的奖杯。成为百佳之一，也成就了我教学生涯专业成长上的新历程。

一路修行一路成长，至此，教师之于我不再是一份谋生的"职业"，而是与我生命融为一体的"事业"，是我的安身立命之所，是我最骄傲的"人间值得"。最后，我需要的就只剩下"爱"，热爱，终生热爱。

最重要的是爱学生。回首来路，从偏僻山村，到平川乡镇，到县城重点小学，我走过八所学校，接触过千余老师，教过几万名学生。我一直坚持带班主任，使我受到最多教益的是身边的普通的老师，他们捧着一颗心来，不带半根草去，日复一日，年复一年，默默无闻地辛勤工作，用质朴和平凡诠释师德。我和他们一样，我还是那个普通的老师，只有站上讲台，回到孩子中间，我才安心。

寒来暑往，爱的故事在平凡的日子中默默上演，我记不清多少个傍晚，当别人合家欢聚时，我还往返奔波在家访的路上；记不清多少个寒冬的清晨，当别人还在贪恋温暖的被窝，我已经满头霜花地来到学校；记不清多少次与家长推心置腹的谈话，记不清多少次把没人接送的孩子送回家……但，我却清楚地记得：生病时，学生悄悄放在讲桌上的润喉片；大雨中，稚嫩的小手为我撑起的小花伞；每年教师节，天南海北的学生如约而至一份份暖暖的祝福；那些资助帮扶过的孩子，一个个长大成人成才的骄傲……做老师就是这样，那些工作的劳累和生活的创伤，早已被他们一个个爱的回报悄然抚平。

赠人玫瑰手有余香——当老师，看学生长大是幸福；当师父，看教师成长是快乐；当自己，得自我悦纳是满足。那些抱怨、那些懈怠、那些疲倦、那些劳累，都慢慢地从我的字典中去除，剩下的就是一颗光风霁月、安之若素、海纳百川的胸怀和永远投向最美远方的目光。

2014年9月，我荣获"全国优秀教师"称号，这是四十年来的最高荣誉，也是作为教师得到的最高褒奖。

当老师成"名师"，再做回"明师"。教师的爱，给学生，还要给学校，给教育。在这个过程中，除了让业务千锤百炼，也让自己的管理能力、思考能力、执行能力得到提升，我也慢慢地走上了管理岗位。2015年8月，在南街小学工作十二年之后，组织有意向将我派往洋县郊外新建的城西小学。有人说："新学校离城那么远，和乡下学校有什么两样？"也有人说："一切从头开始，老大不小的了，不累吗？"甚至有人说："你是名师，去那么小的学校，除非当校长。"家里人也有怨言，"这么远，中午还不能回家，你是打算不管孩子了吗？"

面临的质疑和困难，我没有犹豫！组织的信任、领导的期望、使命感、责任感，驱使我义无反顾地成为新学校的第一批教师。那，是真正属于我们洋县教育人的"西迁故事"——顶着烈日，拔草挖地，农村长大的我轻车熟路；迎着朝阳，大汗淋漓，搬桌子扫教室从不喊苦；踏着月光，制订计划，讨论方案，经常已是凌晨时分……一群人一条心，五加二白加黑。这不是一个人的战斗，这是一群人的艰苦跋涉；这不是一所学校的崛起，这是整个洋州大地的时代号角。

时间很快到了2017年7月，又是一个夏天，新建的洋县城南学校又在召唤新一批的开拓者！我，该怎么办？再一次的迁徙，意味着一切从头开始的付出，意味着栉风沐雨烈日灼心的艰苦。又是暑假，别人起假之日，正是我们的上班之时。炎热的太阳，火热的工地，飞扬的尘土，飞速的进度，四面稻田中，一座无水无电无路的孤岛，和两年前的城西"西迁"何其相似。

从二十多岁风华正茂到年入不惑，我心依旧，从西迁，到南搬，到东进，秉承初心，永不停息。我习惯了在不断奔走中享受创业的幸福，我也向往着不再年轻的岁月能一次次被理想信念激发出热情。精神立则人格立，精神强则学校强。为了履行好一个"名师"的引领职责，为了乡村教育的均衡发展，我又一次将对自己的"狠"劲发挥到了极致。我带语文课、上示范课、做讲座、带徒弟、组教研，并且很快把新学校的教师队伍、质量提升、学科教研与省级工作坊、工作室连接，打造属于洋县这个偏远地域的教研大联盟，各项工作飞速发展。

2017年，我荣获陕西省教书育人楷模，2019年，入选全国教书育人楷模候选人。全国64位候选人都堪称育人典范、师德标兵。他们当中有白发苍苍的耄耋老人，如中科院院士王越、钟万勰；有把最宝贵的青春给予儿童、做了一辈子公益的上海宋庆龄学校封莉荣校长；有36年架起乡村教师与美好世界桥梁的美术老师朱永；有大学毕业放弃大都市生活回到西藏牧区，13年如一日地教书育人的最美藏族女教师拉姆；有最年轻的"80后"，1988年出生的革命老区特岗教师王雷蕾……与他们同行，我再一次深深地感受到师德的洗礼，每位榜样身上的故事，让我既感动又敬佩。既然选择了教师这个职业，那就等于选择了一种特殊道德的生活方式，就选择了"学高为师，身正为范"。

这些年，随着影响力的扩大，省内多所名校和私立学校向我抛出了诱人的橄榄枝，被我一次次婉言谢绝；市县内一些培训机构多次高薪邀请我去讲课，都被我拒绝。我的同学有的到大城市任教，有的改行去了清闲部门，有的摇身一变成为生意人。面对这些我不曾动心，因为我深深地知道，是鹮乡的青山绿水滋养了我，是我亲爱的孩子和讲台成就了我，我扛得住清贫，抵得住诱惑！循师道，守党性，念初心，扎根鹮乡，爱我所爱，我无怨无悔！

诗人艾青说："为什么我的眼里常含泪水，因为我对这土地爱得深沉。"成功的背后总有无尽的付出和不为人知的辛酸，我也曾不堪重负突然病倒，奋力与病魔抗争；我也曾因为工作忙碌，疏忽自己的孩子而被家人抱怨；我也曾因为抽不出时间，几个月未曾看望乡下父母而心怀愧疚……每每想到这些，我的心就五味杂陈。可是当了一辈子教师的父亲对我说："教书育人，请坚持做你自己！"山沟启航的梦想对我说："不忘初心，方得始终。"成千上万我教过的孩子对我说："您永远是我们的老师！"

金奖银奖不如学生的嘉奖，金杯银杯不如群众的口碑。现在，我成为洋县青年路小学的校长，但我依然是一位普通的语文教师。使命担当，犹如号角，让我年入不惑再重新起航！我将坚守在家乡洋县并不富裕的土地上，以领跑姿态且歌且行，且行且思。三尺讲台将是我最挚爱、最豪迈的事业，是我最浪漫、最钟情的诗和远方。

**作者简介：**邓爱华，中小学高级教师，全国优秀教师，2019 年度全国教书育人楷模候选人，全国百佳优秀语文教师，陕西省小学语文学科带头人，国培计划特聘讲师，教育部首批名师名校长工作室核心成员，曾任教于多所乡村学校。现任陕西省汉中市洋县青年路小学党支部书记、校长。

# 第三编　西部乡村中小学教师培训模式研究

# 第七章　西部乡村中小学教师培训：
# 问题与建议

西部乡村中小学教师是促进乡村振兴的生力军。近年来，国培计划、省培、市培及各类公益培训的实施，使西部乡村中小学教师队伍整体素养有了明显提升。本课题组在相关调研中发现，尽管西部乡村教师培训取得了一些成绩，但依然存在着不少问题，比如某些培训项目一定程度上存在定位不明、内容不实、形式不活、跟踪不力等问题。实现"四个转变"，打通西部乡村中小学教师培训的"最后一千米"，全面提升培训质量刻不容缓。

## 一、西部乡村中小学教师培训存在的问题

在调研过程中，课题组真切地感受到西部乡村中小学教师对于教师培训的渴望。"每次走出大山深处，来到省城接受培训，对我而言都是一个巨大的提升，不仅增长了见识，更重要的是开阔了视野，尤其是与一批志同道合的老师共同研修，幸福无比。"一位老师如此总结自己对于培训的期盼。近年来，大规模开展的教师培训活动有力激发了教师的教育教学热情，更新了知识结构，开阔了视野，收到了良好的效果。

同时，我们应该理性审视西部乡村中小学教师培训存在的问题，"西部地区中小学教师培训在吸收和借鉴的基础上，更应该从西部地区的教育实际出发，构建适合西部地区中小学教师的继续教育培训体系，实现培训目的、培训内容、培训管理、培训方式、培训评价等方面的本土化，做到因地制宜、因材施教，更好地服务于地方教育发展的实际，满足中小学教

师的现实需求。"① 以此观照西部乡村的中小学教师培训，主要存在如下问题。

## （一）定位不明

教育部对于培训的目标定位明确清晰，以中西部短期培训项目为例："针对农村骨干教师专业发展需求，围绕新课标的贯彻落实，针对教育教学实际问题，研究典型案例，提高师德素养，更新知识，提升能力，将新课标的理念与要求落实到教育教学中，形成学习共同体，培养县域农村学校骨干力量。"② 然而在培训实施过程中，情况却并不尽如人意。

在西部乡村中小学教师培训现场，随处可见"传经送宝"等横幅标语，这一方面表现出西部教师对于专业发展与成长的渴求，同时反映了培训的某种"错位"：教师培训更多满足于"输血"，定位于"高大上"的理论引领。如果参训教师缺少足够的理念认同和实践"共情"，遑论必要的反省审视和批判质疑？名师的展示课有时候并不切合西部课堂的教学实际，效果不佳。正如一位参训教师所言："培训都是名师的精彩展示，那是'别人家'的课堂，和我们的课堂完全是两个世界，听完就完了。"这样的培训就像短期"输血"，不能对教师产生持久改变。

## （二）内容不实

近年来，教育部先后出台《"国培计划"课程标准（试行）》《中小学幼儿园教师培训课程指导标准》等规范性文件，对于规范培训内容起到了积极的示范引导作用，很多培训机构据此"预设"培训内容，未能充分考虑西部乡村教师发展与课堂教学的实际情况。

我们应清醒地看到，西部乡村中小学教师专业发展既有共性问题，也有许多特殊状况，如所"教"非所"学"等问题，此类问题在教育发达地区基本不存在，但在西部一些地区还较为普遍，因此根据具体情景生成培

---

①张爱琴. 西部地区中小学教师本土化培训的特征与策略［J］. 现代中小学教育，2013（3）：55－58.

②"国培计划"课程标准［M］. 高等教育出版社，2012：1.

训内容便应成为"常态"。正如北京师范大学朱旭东教授所言，只要培训实施过程中体现"生成性"，就能有效地激发教师的学习兴趣，因为"生成性"的产生机制在于教师教育和教学的内在需求。① 例如，农村留守儿童的心理健康问题，对于西部乡村的许多教师而言非常棘手，但课题组对11份该区域的教师培训课表进行分析，所有的培训项目均未涉及。再如农村地区学生课外阅读的指导，在大多数语文学科教师培训项目中基本没有涉及，缺少有针对性的实践指导。

### （三）形式不活

当前，囿于多种因素制约，西部乡村中小学教师培训的形式依然以课堂讲授为主，存在追求外在形式，讲求"多""快""好"，忽略"精""细""稳"的缺陷。根据参训学员的学科、学段、年龄、学校性质及所处地区灵活采取多样化的培训方式仍是一句空话。如教学观摩多为城市优质学校的教学能手执教示范课，极少安排到农村学校、山区学校进行观摩，导致学员成为教学观摩的"旁观者"，很难真正形成提升课堂教学品质的能力。

部分区域教育行政部门仍然将专家课堂讲授时间、参训教师的考勤打卡作为培训的主要考核指标，培训的形式还是以专家单向传输讲授为主，缺少对于学员积极参与教学活动的激励机制。而对于能够全面提升学员综合素养的教师阅读、研究反思等缺少行之有效的指导。

### （四）跟踪不力

在当前政策制度下，教师培训均有明确的起止期限：短期项目分为10天、15天、20天，长期有1～2年的跨年度项目。这样的时间安排与西部乡村教师持续性的学习需求并不十分匹配。相对于其他职业，教师发展具有延时性、动态性和发展性的特点。对于发达地区的教师而言，获取持续的专业支持轻而易举；但是对于西部地区，尤其是乡村地区中小学教师而言，获取不间断的专业支持难度较大。事实上，培训跟踪服务的欠缺也是

---

① 朱旭东，宋萑. 论教师培训的核心要素 [J]. 教师教育研究，2013（3）：1-8.

导致教师培训出现"听了感动、下去不动"状态的重要原因。

## 二、西部乡村中小学教师培训的政策建议

### （一）定位：由"输血"到"造血"

西部乡村教师培训定位要从"输血"转为"造血"，既要适应教师的显性需要，更应关注其隐性需求，充分激活其内生动力，满足教师个人发展和行为改变等个性化需要。"辐射引领更像是一束光，是一种外在刺激，主要的作用是去激发和唤醒。"当教师培训的定位立足于"造血"，就应因地制宜地制订培训目标，感同身受地去体悟参训教师在教育教学等方面的实际困难，提出切实可行的解决问题之策。今年以来，天津市红桥区教师进修学校在对口支援甘肃省碌曲县教师培训活动中，探索了由"输血"向"造血"转变的培训新模式。他们以多年积淀而成的"四微"活动，即订单式"微教研"、菜单式"微讲解"、问诊式"微训练"、诊断式"微检测"为抓手，借助短期支教、挂职锻炼、观摩考察等交流方式，通过网络教研、专题报告、订单测验等研修形式，急当地教师之所急、想当地教师之所想，精准施策，力求实效，唤醒了碌曲县教师的教学创新热情与内在活力，收到了较好的效果。

### （二）内容：由预设到生成

解决该问题的基础是进行充分的前期调研，通过设计科学的调查问卷、访谈提纲，借助网络调查、电话问询等方式，最大限度了解参训教师的需求，尤其是关注西部乡村教师中存在的个性化问题，为设计"生成性"培训内容提供依据。重点在于培育一支具有良好专业素养和较强现场问题生成能力的培训专家团队。笔者在负责西部某省语文教师培训过程中发现，该地区教师朗诵能力较弱，随即调整培训内容，聘请经验较为丰富的一线教师和省广播电视总台的播音员进行专题指导，收到了良好效果。一位学员在培训结束时总结道："无心插柳柳成荫，不经意的课程调整令人收获满满，这次培训让我掌握了朗诵的基本技巧，今后在学生面前朗诵更有信心了。"

### （三）形式：由单一到多样

教师学习最大的特点就是其自身拥有一定的教育经验基础，但西部乡村中小学教师的教学经验相对薄弱且不够条理化和系统化。这些特点要求培训机构和授课专家在培训过程中要创设多样的、具有探索性和情境性的学习活动，搭建互动交流平台，让专家经验与学员经验之间发生碰撞、交流、升华。日本一些学校在新入职教师培训中采用的"海上进修"方式具备一定的可借鉴价值：该培训由两部分组成，一是船上活动，主要包括讲课、分组研讨等形式；二是下船考察，了解当地的生产生活、民风民俗、文化设施等情况，通过与当地人交流等方式增强新入职教师的家国情怀。

除了传统讲座报告的形式之外，西部乡村中小学教师培训应基于任务驱动，灵活采取观摩讨论、互动参与、小组合作、课题研究等多种形式，保证培训双方互相理解对方的话语体系与实践逻辑，真正解决中小学教师的实际困难。正如众多一线教师的期盼："希望在培训中通过多种方式掌握能有效指导教育教学的理论，改变'面朝黄土背朝天'的教学现状，增强我们的反思、总结与提升能力。"

湖北省罗田县创新乡村教师研课磨课模式，将送教下乡培训研课磨课与校本研修有机整合，将研课磨课过程以视频方式全程记录，通过对研课磨课过程的体验和反思，为教师专业成长轨迹分析、发展需求和学校教研工作提供参考，从而最大限度地优化课堂教学效率。具体分为两轮：第一轮"碰撞磨"。在个人研磨和结对研磨中，将主讲教师智慧与指导教师经验充分整合，设计第一稿教学设计后，由主讲教师进行第一次课堂教学实践，教研组成员集体观课，针对第一堂课的教学情况找亮点、查不足，组内形成统一修改意见，记录在《第一次研课议课记录表》上，反馈给主讲教师。第二轮"对比磨"。在第一讲的基础上，主讲教师调整教学目标、教学问题、教学流程，在不同班级进行同课异构，教研组成员再次集中评议、研课磨课，重点将两次课的效果进行对比，找出亮点进行归纳总结，形成好的经验，组内推广。既有理论指导又接地气的培训方式在不增加教师负担的前提下，又激发了教师主动参与、促进专业成长的意识，可谓"事半功倍"。

## （四）跟踪：由当下到未来

应逐步建立面向未来发展的教师培训服务制度：一方面，尊重教师发展规律，在顶层设计上将培训分为"研修"和"跟踪"两个阶段，延长"跟踪"阶段时间，明确"跟踪"阶段的目标任务、经费保障等具体细则，确保培训跟踪"不断供、不掉线"，实现"扶上马、送一程"。另一方面，实行多种方式协作，共同完成跟踪指导。在充分考虑软硬件设施及网络条件的基础上，借助"线上线下"相结合的方式，利用多种学习平台，建立授课专家与参训教师定期跟踪指导机制，解决教育教学难题，持续提升专业素养；结合西部乡村中小学"名师工作室"建设工作，建立名师帮扶机制，实现本土专家的辐射引领；充分挖掘参训教师资源，组建学习共同体，互通有无、互学经验、共同发展。

西部乡村中小学教师素养提升具有重要的战略意义，教师培训作为"托举"专业发展的重要途径，任重道远。我们应立足本地区情况，尊重规律、齐心协力，探寻一条适应新时代西部乡村中小学教师培训的可持续发展之路。

# 第八章　陕西省乡村中小学教师培训现状调查研究

## 一、问题的提出

教师专业发展是学校可持续发展的核心竞争力，教师的专业发展离不开教师培训。[①] 西部乡村中小学教师的素质及其专业发展直接关系到该地区中小学教育的质量，是实现教育强国梦想的根本保证。因此，对西部乡村教师培训现状进行调查，分析其存在的问题，具有极为重要的意义。

本研究以陕西省咸阳市、宝鸡市 4 个县为例，围绕当地乡村中小学教师培训内容、培训形式、培训效果评价等内容进行调研，旨在掌握该地区中小学教师的培训期待和需求，为优化该地区中小学教师培训模式，提升其培训质量奠定基础。

## 二、研究对象与研究方法

### （一）研究对象

本研究选取宝鸡市、咸阳市 4 个县 784 名乡村在职中小学教师作为研究对象，对其进行问卷调查和访谈。其中小学教师 352 人，中学教师 432人；男教师 286 人，女教师 498 人。

---

①陈吉君. 教师专业梯度发展校本培训的缺失与改进 ［J］. 中小学教师培训，2016（10）：37 – 41.

## （二）研究方法

在研究方法上，本部分内容主要通过问卷调查法、访谈法，并辅之以文本资料分析。其中，在问卷调查法中所采用的问卷为课题组成员自编的量表——《陕西省乡村中小学教师培训情况调查问卷》。通过问卷调查法、访谈法和文本资料的收集获取相关研究数据，并对问卷调查结果进行统计分析。

## 三、存在的问题分析

在调查问卷中，研究者主要从培训需求、培训内容等五个维度设置题目，了解乡村中小学教师的培训现状。通过对问卷数据和访谈资料的分析，主要存在以下几个问题：

### （一）教师培训需求被忽略

教师培训是系统地组织在职教师参加的与教育教学有关的学习活动。组织教师培训的目的在于提升中小学教师教学知识、教学技能、教学情感态度等方面的综合素养，从而使教师能够很好地适应教育改革与发展。[①]因此，从某种程度上说，教师培训是为教师服务的。服务之前明确应为教师提供什么样的培训是应有之义，尤其是对乡村中小学教师而言，满足他们需求的教师培训才能够真正起到促进其专业发展的目的。设置什么样的教师培训内容，采用什么样的培训形式，不仅需要专家学者的高端设计与科学分析，更需要通过前期调研切实了解培训对象的需求。培训需求调查是在培训活动之前解答"是否真正需要培训、确定由谁来参加培训和怎样组织培训"[②] 这一系列问题的一种活动，它是确定教师培训目标、课程和实施的基础。然而通过分析问卷调查和访谈资料了解到，忽略当地教师培

---

①余新. 有效教师培训的七个关键环节——以"国培计划—培训者研修项目"培训管理者研修班为例 [J]. 教育研究, 2010 (2)：77 - 83.

②赵德成，梁永正. 培训需求分析：内涵、模式与推进 [J]. 教师教育研究, 2010 (6)：9 - 14.

训需求已成为教师培训流于形式的主要原因。

通过对回收问卷进行数据分析，73%接受过培训的中小学教师表示从来没有接受过"培训需求调查"。与此同时，85%的被试者认为教师培训需求调查非常有必要。为了更深入地了解受培训教师对于培训需求调查的看法，研究者对被试者进行了随机访谈。其中一位教师表示：

"每次学校会通知一些教师参加一些培训，尤其是寒暑假，培训什么也是直接会给出个课程安排，有的什么也没有……"（2016年12月16日，G中学教师访谈记录）

另一位教师表示：

"以前在县城学校收到过类似的调查表，可是到现在的学校支教以来就没见到过了……"（2016年10月16日，Z中学教师访谈记录）

教师培训或者是"自上而下"的行政安排，要么是流于形式地发放几张调查表，乡村中小学教师培训的需求更容易被组织者忽略。除此之外，不能满足一线需求的教师培训往往成为"你讲你的，我干我的"，形同虚设。其中一位教师说道：

"……老师们讲得挺好的，可是对我们这些老师来说真的太深奥了。我们在教育中经常说最近发展区，可是老师讲的内容是我们够也够不到的'桃子'，我们听着也就没劲了……"（2016年12月16日，G中学教师访谈记录）

还有些教师表示在培训期间也被问过安排的课程是否需要做一些调整，但是由于培训场地和时间的限制，临时安排课程非常困难。没有在培训前对教师的需求进行深入了解与分析，使得教师培训的质量及有效性大打折扣。

### （二）教师需求与培训内容的断层

教师培训的内容是体现教师培训有效性的主要载体，而培训内容质量的高低直接决定着教师培训的整体质量。培训内容是否能够满足农村教师的需求，是否有针对性、前瞻性，决定了受训教师的培训收获和参与主动性。① 在对西部乡村教师培训调查中发现，教师培训内容主要存在于以下两个问题。

首先，通过对培训教师进行问卷调查，发现不同教龄、不同科目，以及不同任教岗位上的教师对于培训内容有着不同的需求。比如新手教师更倾向于接受一些关于课堂管理、教师职业规划上的培训。而经验丰富的教师则更倾向于接受更多的理论知识以提高自己的科研能力。但是在现实教师培训中，培训组织者很少能够根据培训对象不同的需求提供分层的培训内容。许多参训教师表示不太喜欢一些深奥的理论性讲座，更倾向于听一些一线教师的经验分享，这也在一定程度上反映了一些教师培训理论与实践的相脱节，或者说培训者未能在培训过程中把握好实践与理论知识之间的"度"。尤其是一些规模较大的国培计划，多由当地的重点师范院校承办，培训教师也是高校的教授。不可否认，这些教授在某一教育理论领域有深厚的造诣，但部分教授从未深入接触过中小学一线教学，而对于相关理论的讲解也未能很好地与教学实践相结合，这就不可避免地造成参训教师"听天书"的现状。其次，尽管国家越来越关注乡村中小学教师的职业发展，也会提供更多让当地教师外出培训的机会，但这些培训也大多"复制粘贴"一些前沿的培训内容，如导学案、MOOC、翻转课堂等。这些培训内容虽然是教育理论前沿问题，也确实给当地教师带来了很多思想上的碰撞。但当教师们回到自己的教学基层，这些理论在教学实践中并不能够很好地指导他们的教学。因此，教师培训内容应该在前沿化的同时更好地地方化，更好地结合当地教师的特点与需求。

### （三）单一培训形式下的尴尬

教师培训方式是将教师培训内容传达给参训教师的手段，教师培训方式受教师培训对象、教师培训需求、教师培训目标，以及教师培训内容的影响。虽然为了更好地为教师服务，满足不同地区的个性化需求，教师培

---

①曾素娥，武丽志. 农村教师培训现状与需求对比分析 [J]. 中小学教师培训，2015
（7）：12–18.

训也会采用多种手段，如远程、文本学习等。但受经济条件和教师培训意识等各方因素的限制，西部乡村教师培训形式则显得过于单一化。

调查显示，当地教师培训主要采取的是系统教授（包括面授及视频资料）和观摩教学两种形式。一些参训者表示：

"现在的培训大部分都是满堂灌，虽然也会留出一些时间让提问什么的，但大多也是走一走形式，如果培训能够留出更多时间让培训教师与参训教师进行交流就好了。"（2014年12月16日，G中学教师访谈记录）

除此之外，参训教师还提出了理论与实践相结合的中肯建议：

"……十几天的培训，完全可以接受培训后立刻让学员进行实践教学，然后指导老师给出建议，再接着培训……这样才能将专家讲授与体验学习相结合，对我们老师收益也更大。"（2014年12月16日，G中学教师访谈记录）

因此，参训教师对于课程培训形式多样化的现实需求也是培训举办方不得不进行深入研究的问题。

### （四）对科学评价体系的切实诉求

教师培训评价问题涉及对谁评价、如何评价、谁来评价等一系列问题。有效的教师培训评价不仅能够在一定程度上反映出当前教师培训中出现的一些问题，更能为教师培训的未来改进提供方向。如果缺乏系统明确的评价体系，主办方就不仅成了培训过程的"领导者"，还将是培训质量的"裁判员"。没有客观的评价标准，也没有一个统一的监督体制，如何能够进一步对相关教师培训进行改进？

就评价主体而言，通过对参训教师进行问卷调查发现，当地教师培训评价主要涉及对于培训教师的评价，即教师培训后，参训者对培训教师是否按时授课以及授课态度、风格等方面的评价。较少涉及培训内容、培训安排、培训主办方等方面的评价。在访谈中，参训者也切实希望评价主体能够更加的多元化。除此之外，培训评价更缺乏对于参训教师的评价与培训效果的长期跟踪。其中一位受访者表示：

"每次培训后写各种心得报告，但也就是个形式而已，他们（培训教师）也不会看……"（2014年12月16日，G中学教师访谈记录）

这在一定程度上也反映出当地教师对于培训效果反馈的忽略，这也是致使参训者对于教师培训在心理上的抵触与不重视的一个因素。而教师培训评价的随意性和不规范性，导致参训教师带着一种"休假"的心态参加培训，使得教师培训无法达到预期效果。

## 四、思考与建议

通过对陕西省乡村中小学教师的专业发展现状以及教师培训需求、培训内容、培训形式和培训评价等方面的调查分析，受经济发展、社会文化背景等客观因素及参训教师内在个人因素等的影响与制约。当地乡村教师的专业发展道路任重而道远，而促进其专业发展的有效途径——教师培训的现状也不容乐观。因此，提供有效的教师培训，不仅需要切实可靠的培训需求分析，提供符合当地教师需求分层化的培训内容，还要对培训效果进行跟踪调查，为每一位参训教师建立培训档案袋。

### （一）精准调查培训需求

教师培训需求调查的可靠性应从以下几个方面进行评判。首先，扩大调研范围。在对一些教师培训现状进行调查时，虽然也进行了一定范围的需求调研，但处于乡村的中小学教师往往成为被忽略的对象。因此，想要切实了解当地教师的培训需求，就必须将其纳入调研范围之内。其次，扩大调研主体。深入有效的教师需求调研应该是多主体多层次的调研。不仅要对参训教师进行调研，还要对培训政策、学校需求，以及整个当地教育发展现状进行全方面调研。最后，鉴于教师团队的复杂性，一种调研方法、一张调研问卷不可能满足不同学科、不同教龄的教师的需求。因此，有效的调研应采用多形式、多层次的调研方式，而且调研工具应该是一个不断被验证与反馈的过程。只有这样，才可能最大限度地对当地教师的培训需求给予客观呈现。

### （二）优化培训课程内容

针对当前西部乡村教师培训内容存在的理论与实践相脱节，以及培训内容"城市化"倾向严重这两个问题，建议从以下两个方面进行改进。首先，增加培训课程的实践环节。在理论课程培训之后，尽可能多地增加一些说课、评课、研讨等能够让培训教师与参训教师，以及参训教师之间相互交流与探讨的机会。让参训教师能够更好地在理论中思考教学实践，在教学实践中领会理论。其次，教师培训课程应与当地教育发展现状相符合，提供更多的个性化教师培训方案。

### （三）采取多元培训方式

首先，考虑到西部乡村经济条件的限制和当地教育现状，当地教师培训形式应该在灵活多样的前提下，注重当地教育资源的利用与开发。具体可通过校本培训、自主学习、专家引导、网络学习等多种形式与途径，让校内培训与校外培训相结合、集中培训与分散培训相结合。其次，鉴于不同教龄教师的培训需求，可对教师提供分层培训内容，以实现对当地骨干教师和学科优秀教师的重点培养，最终以点带面，打造出一支高素质的优秀教师团队。

### （四）创建教师培训档案袋

对于教师而言，其专业化发展过程是一个持续不断并且逐步深化的学习与实践过程。教师培训如果能够为每一个教师建立一个个性化专业发展成长档案，不仅能够从多角度跟踪教师的教学成长过程，更能够在未来培训中提供具有针对性的培训课程。具体而言，教师档案袋中应记录着教师专业发展过程中在不同成长阶段所遇到的困惑、反思，以及所接受培训的效果反馈等。其中重点跟踪的应该是教师每一次参加教师培训过程中的培训内容、培训进步、培训收获，以及下一次培训的需求。只有这样，才能对参训教师的培训情况进行一个立体的分析与掌握。

教师培训的终极目的是促进参训教师专业能力的持续发展，教师通过有效的培训，不仅能够接触到专业方面的理论知识与教学经验分享，更能够在培训的过程中学会反思、不断思考。西部教师，尤其是西部乡村教师质量不仅关乎着当地教育质量的未来，更是提高我国整体教师质量的关键所在。因此，对培训现状的继续关注与改进将成为教师教育研究者长期的关注话题。提高教师培训效率，创新教师培训模式，促进教师专业发展。

# 第九章　甘肃省庆阳市乡村
# 中小学教师培训的实践与反思

## ——以美丽园丁基金会陕西师范大学庆阳市培训项目为例

### 一、庆阳教育概况

庆阳市位于甘肃省东部、陕甘宁三省区交会处，辖 7 县 1 区、116 个乡镇、1261 个行政村、9107 个自然村，总人口 265 万，土地面积约 2.7 万平方千米。庆阳是革命老区，属欠发达地区，全市 7 个县属于六盘山连片特困片区县，西峰区和庆城、宁县、华池、合水、正宁等五县曾为贫困县区，环县、镇原两个县曾被纳入甘肃省 23 个深度贫困县区之列。

截至 2019 年，庆阳全市共有各级各类学校 1501 所，其中高中 27 所，完全中学 9 所，十二年一贯制学校 2 所，九年一贯制学校 42 所，初中 85 所，小学 630 所，幼儿园 688 所（其中民办园 230 所），中职 13 所，特教学校 5 所。另有小学教学点 566 个，附设幼儿园学校 646 所，附设幼儿班 958 个。

2015 年 2 月，在陕甘宁革命老区脱贫致富座谈会上，习近平总书记强调："加快陕甘宁革命老区社会事业发展，重点是发展教育、医疗卫生、公共文化、社会保障等事业，实现基本公共服务对老区城乡居民全覆盖。"党的十九大报告指出，要优先发展教育，高度重视农村义务教育，尤其是深度贫困地区的教育，将教育与脱贫攻坚有机结合，注重扶贫、扶志、扶智的协调统一。

由于体制机制障碍和区位自然条件等因素制约，庆阳市的教育管理不够高效，教学研究缺乏创新，教师队伍专业素养不强，教师队伍结构性较差。具体表现为：一是教育科研水平较低，创新能力不足，深化教育综合改革步伐较慢；二是学校管理水平和教学水平不高，教学质量较低，特色品牌学校少，城乡教育发展不够均衡；三是教师队伍整体素质偏低，农村教师培训机会少，不能适应现代教育发展趋势；四是全市整体缺少能发挥示范带动作用的优秀管理人员和优秀教学骨干；五是缺乏在省内外有影响力的名校、名校长和名教师；六是乡村学校音乐、体育、美术、英语、科学等紧缺学科教师缺乏，难以开足开齐课程；七是教师培训形式相对单一，培训缺乏针对性和长效性。建好教师队伍，加强对各县区乡村教育人才支持，尤其是加大教师培训力度，需要重点提升乡村学校，特别是小规模学校教师的教育教学水平。

## 二、培训项目基本情况

为促进庆阳市教师队伍建设和基础教育提质发展，庆阳市联合美丽园丁教育基金会，借助高校优质教育资源，为整体提升庆阳教育发展水平制订了一系列的教育发展计划。

美丽园丁教育基金会是由清华大学 EMBA 校友自愿发起的公益组织，以"弘扬优秀乡村教师的美丽心灵，提高他们的教学水平，使美丽的教师更加美丽，培养一代又一代美丽的学生，为建设美丽的中国贡献力量"为宗旨，秉承"援助一个学生只能改变一个家庭，支持一个教师却能改变若干个家庭，甚至几代人"的先进理念，播撒阳光，传递爱心。美丽园丁教育基金会以"爱心扶助、多元支持，区域联动、行为改善，示范引领、持续发展"为实施思路，贴近教师发展和学校发展需求，具有前瞻性、实效性、持续性，对庆阳市以教师培训为重点的基础教育质量整体提升计划提供援助。

美丽园丁教育基金会和庆阳市以三年为期的多元化、全方位教师和校长培训为引擎，全面提高广大教师和校长的"五个水平"和"五个能力"，做到"三个修复"，力争实现庆阳基础教育的"四大突破"：即提高广大教师和校长的政策水平、理论水平、专业知识水平、心理健康教育水平、师德水平；课改能力、信息技术能力、依法从教能力、教育教学反思能力、教科研能力；修复偏颇的教育思想和教育观念、修复理论与实践错位、修复失衡的各种关系，进而惠及每个学生的全面发展，实现庆阳基础教育管理体制机制创新上有突破、教师队伍整体素质提升上有突破、特色示范校创建上有突破、质量增位提质上有突破，全面提高教育的发展层次、发展水平和发展品质。

2016 年，陕西师范大学充分发挥部属师范大学教师教育学科优势，探索利用社会资金、高校资源支持地区教育发展模式，和美丽园丁教育基金会合作，启动了为期三年的美丽园丁教育基金会——陕西师范大学支持庆阳革命老区基础教育质量提升协同创新计划项目。

### 三、培训项目的具体实践

在项目执行过程中，充分发挥陕西师范大学学科和师资优势，积极开发和整合优质培训资源，在校地协同中营造校本研修的良好氛围，助推庆阳教育改革发展，走出了一条独具特色、可持续的陕西师大"师培"路，服务革命老区经济社会发展。

项目启动以来，已开展了对 4000 余名各区县中小学教师和教育管理人员在陕西师范大学的集中培训，组织"名师进庆阳"活动十多次，受益教师近万名。通过专家专题讲座、互动交流、案例分析、课堂教学观摩、专题研讨等形式，进一步促进了参训教师的专业成长，提高了教育教学能力、科研水平和指导青年教师能力，为庆阳各县（区）中小学校高质量、有针对性地开展全员培训也起到了一定的骨干引领和示范作用。

### （一）乡村学科骨干教师培训

2016—2018 年，农村学科骨干教师培训共举办了 16 期，根据培训计划、需求调研和问卷情况，陕西师范大学学科教学论教授担任培训首席专家，课程设计和内容安排突出教学理念转变和教学技能提升，结合国培教师课程标准，从理念转变和问题诊断入手，结合教学案例分析和技能提升、重视教师参与和培训生成、加大跟岗实践和专题研修等模块的比例，遴选最受学员欢迎的高校和一线专家，安排设计了丰富的培训课程，包括教学设计与实施、教学反思与实践、教学案例与研讨。结合优秀教学基地课堂观摩与名师对话，课程以名师教学案例分享与教学困惑解答为核心，学员在交大附中、惠安中学、西工大附中、西安小学、陕西师大附小等十余所优质中小学校进行了五天观摩学习，理论与实践相结合，分组任务明确，有效地提升了庆阳乡村中小学骨干教师专业技能，符合骨干教师的成长路径。

### （二）乡村校长和教育管理者培训

2016—2018 年，每年举行庆阳市中小学教务主任、政教主任培训，乡村小学校长培训班（20 天）和庆阳市中小学副校长培训班（15 天）。培训内容增加了坚定理想信念课程（如习近平总书记对教育的重要论述、贯彻党的十九大精神和全国教育大会精神，写好教育奋进之笔）、《关于全面深化新时代教师队伍建设改革的意见》的解读；增加了学校工作实操创新课程（促进学校发展的教学管理机制、学校规划与特色学校建设、学校现代管理实施方法），扩充了学校管理领导力和学校教学德育等内容（校长素质与学校品牌建设、依法治教与教学风险防范）；开设沙龙论坛，利用观摩示范学校等形式为庆阳、陕西两地校长、主任交流研讨提供平台。采用"引领式理论提升＋体验式名校跟岗＋参与式在岗研修＋开放式网络学习＋验证式回校实践＋分享式主题论坛"的培训模式，围绕基础教育办学中的教育理念、教师发展、课程建设、学生成长、学校文化等专题开展课题研究，坚持集中研修与个性化学习结合，设计"一人一案"，以"个性化发展"满足干部成长的差异性需求，助力干部成为区域教育领域治校理教的领军人才。

### （三）卓越教师培养和乡村培训团队培训

2016—2018 年，庆阳市卓越教师培养和乡村培训团队项目在培训过程中，更加注重卓越教师和乡村培训团队在庆阳市教师队伍中的示范引领作用，在培训课程和方式上优化改进，专家们言传身教，启发思考，示范引领，力争形成学员和培训专家学习共同体。一线教研员和一线优秀教师，教学能手和陕西学科带头人等用具体教学方法、教学反思及从教多年的感悟，与学员共同探讨教学实践中的难点、重点，研讨交流心得体会。学员们表示能与同行优秀教师交流学习受益匪浅，深受启发。在理论学习的同时，学员通过小组研讨、参与式研修等方式，将教育学理论转化升华为实践经验，在研讨汇报过程中思想碰撞，经验交流，不仅开阔了视野，而且收获了宝贵的学科教学实践成果。课后，学员注重课后思考，利用网络研修，记录学习心得，撰写教育案例，制作培训简报。在观摩实践中，学员们走进了陕西师范大学附中、陕西师范大学附小，参与了教学实践观摩，并与名校老师进行了对话、交流、研讨，在交流和反思中生成自我教育智慧，提升教学科研引领能力。

每年的卓越教师培养项目和学科骨干教师培训项目会遴选130人进行后期的遴选再培训，每年遴选130位优秀教师走出西北，走进现代美丽的深圳，进行为期10天的高级研修。在根据培训任务和庆阳教师需求的基础上，为参训学员确定了体会"深圳基础教育发展和创新"的主题，培训内容主要以转化增强教育理念、深圳名校课堂观摩和研讨交流、一线名师面对面等多种形式进行展开。10天期间观摩听课20余节，学科分组研讨交流10余次，既有专家点拨，又有一线名师课堂，培训顺利有序，学员收获颇丰。

三嘉九年制学校的胡红娟老师说："观念转变，态度就会变，态度变了，行为就会变，此次南行，让我接触到很多新的观念，如课程革命、新课程设计、能力训练、学习方式的转变……同时让我感受到这些专家的智慧，专家教授大到站在国家层面，小到班级管理细则，给我们树立了大格局、小视角。渡人者，先渡己，先从自己改变，再达燎原之火。"正宁宫河学区的燕小凤老师表示："两次培训，收获满满，感触颇深，茅塞顿开。陕西师大之行，让我感受到她的端庄和博大厚重的文化底蕴，领略到师者的严谨、敬业、奉献、专业，可谓各有千秋，经受了一次宝贵的精神洗礼。深圳之行，让我领略到她的包容、年轻、时尚与开放发达，体验到师者的幽默、风趣、热血、创新，可谓异彩纷呈，收获了一次强烈的心灵震撼。"

### （四）乡村义务教育阶段学校紧缺薄弱学科教师培训

2016—2018年，每年有500名乡村义务教育阶段学校紧缺薄弱学科的教师参加培训。美术教师培训以提高学员动手技能为主，开设了中小学中国画色彩、书法、中国山水画研究与实践、中国壁画临摹实践等课程。学员在专家指导下亲自动手操作，对学员作品进行分组评鉴与改进，学员在优质中小学进行了实践观摩，参观了美术室，听评了美术示范课，开展了美术校本研修活动。体育教师培训开设了健美操基本技术教学方法实践，体育快速跑模拟教学与评析，中小学篮球、排球、足球基本技术教学方法实践，跑跳课教学模拟，啦啦操基本技术教学方法实践等教学内容，对学员进行悉心指导，并纠正和解决了乡村学校体育教学的一些误区，还在优质中小学进行了 3 天教学活动，让学员体会到体育课程对于学生发展的重要性。中小学信息技术以基本教学技能为抓手，以培养学员实际操作为目标，开设了微课程的设计与制作、多媒体课件的设计与制作、Scratch 编程教学、手机 App 制作方法等实践课程，上课全程在机房进行，在专家名师讲解的同时学员就可以进行操作演练。学员还进行了《PPT 自定义动画》《美化，用 Word 来实现》示范课观摩。

小学英语教师培训选择参训学员时就要求工作五年以下的老师参加，聘请专家大多是教学经验丰富的一线优秀教师，培训课程针对新教师进行展开，更具有针对性和指向性。从教师礼仪、教育基本理念、专业知识和教学技能各方面展开研修，课程内容包括义务教育课程标准核心理念学习与践行、教学如何围绕目标而展开、课堂游戏教学方法、写作教学活动的开展、教学的技巧与方法、小学教师朗读案例分析、阅读教学的策略与方法、微课的高效制作与应用等，都是一线新教师最需要了解和掌握的学习内容。

中小学音乐课程围绕合唱指挥法、低龄段音乐律动教学、中小学舞蹈编排、歌唱技能训练、歌曲即兴伴奏训练、低龄段音乐律动教学、中小学音乐欣赏课教学、中小学各类音乐活动策划与实施等内容展开，以提高和优化中小学音乐教学技能实践为目的，培训以讲座为辅、训练为主，切合中小学专、兼职音乐教师一线工作需求。

乡村义务阶段学校紧缺薄弱学科教师培训，通过情景体验等实践类课程，结合优秀学校音乐、美术、体育、信息技术等课堂教学实践和课例等形式，补齐了参训学员术科技能薄弱的短板，学员反映培训解决了自己工作的好多困惑，提供了明确的发展路径。

### （五）名师进庆阳活动

2016—2018 年，名师进庆阳送教下乡走遍庆阳每个区县，累计参训听课教师约计 9000 人。陕西师范大学教授、陕西省特级教师、省学科带头人、教研员及陕西省教学能手担任授课专家，与庆阳市区县中小学老师进行同课异构，各位老师在备课中贯穿新的教学理念，在精彩讲课中创造和谐的教学氛围，共同为参训老师送上了丰富的教学大餐。在课后的研讨互动中，送教老师与当地的一线教师从教材处理、教学方式及课堂生成等方面做了教学反思及过程说明；学科教研员也对课堂进行了点评。送教活动采用名师同课异构、示范课、名师说课、互动研讨、专家点评、专题报告等形式进行，实现了相互借鉴、互动研讨，优化了教学结构，促进了研究能力的提高。

送教活动改变了以往专家理论引领为主的方式，增强了名师示范课、常规课的比例，更加重视课后反思和研课磨课环节，充分发挥了名师的教学引领和示范作用，借助名师送教的平台，进行专家引领与实践探讨，启迪了教师学习借鉴名师们的教育理念，对提升教师整体素质、促进教师专业化发展具有积极的指导意义，为期两天的活动让学员大呼"接地气"、很实用。

名师进庆阳暨庆阳心理健康教育巡回辅导邀请陕西师范大学、陕西省心理健康协会、西安市家庭教育研究中心、西安市高新一中等单位的 8 位家庭教育、学校心理健康、高考心理疏导等方面的专家，分别面对学校管理者、学生家长、高中初中学生进行了"精心守护心中的那盏灯""幸福工作的密码""注重家庭教育，培育良好家风""理解规则，做好规划，迎接属于你的大学""第一课爱自己""寻找属于你的人生句子"等课程内容，分为南北两组，巡回庆阳市七县一区，开展了为期 5 天 32 场辅导报告活动，所到每一个县区，均受到热情欢迎。专家的面对面辅导交流，给学校管理者、家长、中学生都留下了深刻印象，受到普遍好评，体现了帮扶西部地区基础教育的热情，也为庆阳市教育局的家校共建奠定了良好基础。

## 四、项目实施效果

庆阳市共集中培训 4000 余名中小学校长、骨干教师，使其受到了高层次的培训，开阔了眼界，增长了见识。相当一部分校长通过培训，办学理念进一步提高；管理水平不断提升，有的学校已经开始将培训中学到的理念方法运用于学校管理之中，也在实际教学中采用了学到的新经验、新办法、新手段。项目将创新贯穿于整个工作的全过程，结合庆阳教育的特点和教师教育的需要，积极探索各类培训的形式和方法。在集中研修培训中，有针对性地指导、引领和带动教育管理者和教师专业发展，为教师交流学习和展示搭建了更大的平台。参加培训的某中学刘老师说："培训内容丰富多彩，培训方式多种多样，既有专家的报告，又有特级教师的核心理念，我们还参与了与西安交通大学第二附属中学教学一线教师的同课异构活动。专家们以鲜活的案例和丰富的知识内涵，从不同的角度、不同的侧重点为我们更新了教育观念，拓展了教育视野。"

陕西师范大学高校集中项目校长班学员的共同感受是："培训活动安排非常科学，内容非常丰富，通过专家讲座与研讨交流相结合、集中培训与实践考察学习相结合、课堂学习和课外学习相结合等方式，使大家开阔了视野，更新了理念，增长了见识，学到了方法和技能，体验了名校风采，感触颇深，受益匪浅。我们将在教学实践中认真加以改进、落实，力求在学校管理、教学科研、教育质量、办学特色等方面有所突破，力争使学校工作有起色、有进步，不枉此行。"

在 2018 年年初举办的"美丽园丁庆阳项目工作会"上，美丽园丁教育基金会监事、陕西延长石油西北橡胶有限责任公司董事长黄建华认为："陕西师范大学项目实施范围越来越广，层次越来越高，点面结合，在各方面形成了自己的特色。"庆阳市教育局副局长闫斐表示："庆阳项目自实施以来，陕西师范大学以其深厚的文化底蕴、一流的师资水平、一流的管理团队，扎实推进各项工作，取得了积极进展。陕西师范大学倾情、倾智、倾力支持和帮助庆阳基础教育事业发展的博大胸怀，为承担'美丽园丁'项目的其他高校树立了榜样。"

### （一）教师教学技能明显提升

各类教师培训强调以提高教学技能为目标，中小学语文、数学、英语、物理、化学、生物、地理、历史、政治教师参加了以国培计划为标准的集中研修。设计培训方案和遴选培训专家具有针对性，培训课程当然更受学员欢迎；充分利用西安基础教育资源，根据不同的培训项目，选择不同层次的观摩交流学习基地，观摩实践学习的内容不仅开阔了学员视野，也能让学员摸得着、够得上。广大参训教师通过先进的教学方法、教学技能课程自觉弥补不足；通过案例研讨、学术沙龙进行自我反思；通过教学观摩、专家点评相互取长补短。学员分别走进西安市的中小学名校、走进课堂和一线优秀教师共同反思、分享教育教学经验。培训通过参与式、体验式、互动式进行开展，安排了专家讲座、教学经验分享，西安优质中小学、大学实验室参观等活动。

项目后的评估反馈中，华池县实验小学徐芳说："通过培训，感触很深，受益匪浅，自己感觉就像和所有的老师融合在一起，翱翔在知识的海洋中，陶醉不已，流连忘返。名师们身上那种从不停止追求教育理想的精神正在闪烁！我会把成长的根须努力植进贫瘠的土地！"合水县太白九年制学校苏清亮老师也谈道，"20天的培训，我要说，累并快乐着。这次培训使我在教学理论和教育观念上得到了大量的补充，收获很多；眼界开阔了，思考问题能站在更高的境界；许多疑问得到了解决或启发；业务素质得到了很大的提升，同时也使我发现了自己的差距与不足，对原有的教育观念产生了强烈的冲击"。镇原县曙光初级中学陈超老师说："在陕西师范大学培训的20多天，我每天都被丰富的文化熏陶着，被专家学者的精神感动着，被先进的思想影响着，每一天都提高着，此次培训使我眼界大开，不但学到了很多有关历史教育教学方面的知识和理论，也学会了很多有关历史方面先进的教育教学方法。今后，我将用这些先进的理论和方法，更好地为教育教学工作服务，撸起袖子，不忘初心，在党的十九大精神的鼓舞下，为庆阳镇原人民的教育教学工作做出自己更大的贡献。"

### （二）教育管理者治校理念增强

针对不同类别、学科、层次教育管理者的需求，聚焦明确培训目标定位，设计符合庆阳干部队伍的培训课程，遴选出能满足学员需求、解决学员问题、提升学员能力的实用培训内容，不断优化丰富培训手段与方法，力求使庆阳学员培训收益最大化。教育管理者在培训方案设计和课程安排上，坚持"需求导向，按需施培"的理念，既有系统的教师专业理论、专业能力知识的学习，又有名师的示范课观摩和专家学员的互动研讨。为了更加凸显培训的针对性和实效性，教育管理干部开设了学校管理实务、学校品牌文化建设、校长领导力和领导艺术、法治管理等课程，进行了结构化研讨、名校参观等实践性活动。通过学校管理、文化建设、一线校长面对面、学员沙龙、参观名校等方式，学员开阔了视野，更新了理念，理论与实践相结合、视野与反思共提升。

### （三）初步掌握教学研究的方法与策略

为落实有效提高广大农村教师的专业水平和教学能力的培训目标，促使学员能够将在培训中学习到的理论和方法与教学实践更好地结合，培训专门安排了教学实践展示模块。学员以小组为单位，就教学内容进行交流讨论并完成教学设计，学员们的踊跃建言献策和积极参与，使得每个小组的教学设计都真正成为"集体智慧的结晶"。此后每组选派代表在全班进行说课并交流讨论，然后指导教师介入指导，帮助学员修改完善教学设计，教学展示结束后，指导教师与学员们再度研讨交流，分析教学中的问题，分享教学展示活动中的收获。从学员们的反馈来看，教学展示活动取得了良好的效果，学员一致认为相比于自己以前的课堂教学，此次教学展示不但有新的突破，而且带给自己很多新的启发和感悟。

专家教授、名师担任学员们的指导教师，力图通过指导教师"手把手"地教授，帮助学员们掌握进行教学课题研究的理论和方法。学员在研究过程遇到的问题，指导老师都会一一给予指导和解答，减少了学员们在研究中的疑惑和困难，学员们真正体会到了做研究写论文的苦与甜，也真正学会了如何做研究。正如一位学员所说："要想成为一名优秀教师，体现教师的价值，必须学会研究，有研究才有创新。这段时间通过各个指导教师的点拨，我明白了课题研究并不是遥不可及、深不可测的'专家事业'，我们一线教师，只要肯吃苦、肯努力必定能写出优秀的论文来。"

## 五、存在的问题与原因分析

### （一）学员遴选机制不够健全

造成这种现象一是由于地方教育主管部门对于培训的重要意义认识还不够深刻，选派的一些教师教龄短、经验不足，不符合培训针对骨干教师的项目要求。同时，部分学员难以担任"骨干""火种"的重任，冰冻三尺非一日之寒，培训难以对其形成根本性转变，如让这一部分学员传播培训理念，带动当地教育发展，难度过大。有些教师不符合培训学员的选拔条件，严重地浪费了培训资源。

### （二）培训内容的针对性有待进一步提升

培训时间较长，学习意愿不足，培训学习内容多、任务重，造成学员学习强度大、压力大等一系列问题。很多学员在培训后期已无法坚持下去，消减了培训效能。许多学校由于教师资源紧缺和编制、经费等问题，不愿意提供时间和机会让教师参加培训；许多乡村中小学教师常常是肩挑教学、家庭、农务三副重担，超负荷工作，没有足够的时间、精力去接受学习培训；有些教师对教育培训认识不够，认为"教小学，我闭着眼睛都能上课，根本不需要培训"。

### （三）培训模式创新不够

参训教师的满意度是衡量和检验培训成果的重要标准，培训学员来自教学和管理第一线，他们迫切要求解决实际问题和提高教育教学能力，但培训模式有时不能完全满足学员的要求。首先，在课程设置方面，学员的主体地位还不突出，培训的内容一般是自上而下设定的，培训内容缺乏针对性。其次，学员在规定的时间集中受训，时间短、内容多，和导师、同行交流少，消化吸收的效果自然不好，而且配套的远程培训、跟踪指导效果不佳，导致大多数受训教师再回到自己的课堂后，依旧重走老路，培训效果的持续性不强。

## 六、反思与建议

### （一）高校、地方政府、基金会联动，实现"优势互补、资源共享，协同发展、互利共赢"

项目的全面深入推进仅靠行政推动是远远不够的，它需要教育部门、教研机构的组织实施和专业引领，需要政府和基金会的资金支持和保障，需要参训教师的全力参与。为了更加有效地开展项目实施工作，高校需要整体规划、统筹资源、协同地方，共同组织实施，使资源优势得到最大程度的发挥。

### （二）优化西部乡村教师培训目标，加强教师培训理论研究

随着社会的发展和世界竞争格局的变化，人才竞争日益激烈，教育行政部门必须要正视问题，教师也需要有终身学习的理念，教师培训不仅是个人素质的提升，也是国家发展的需要。继续完善教师培养研修方案，对西部乡村各层次教师的研修目标、培训课程、培养方式进行深入研究，为后续发展做积淀。

### （三）加强过程监控与管理，最大限度提升培训质量

对培训过程的监管有利于掌握培训进度和学员培训状态。培训结束后，要对参训教师进行跟踪服务管理，保证其能够充分发挥培训的辐射、引领、示范带头作用。后续跟踪指导可以与参训教师所在学校共同协商进行，包括远程辅导、论文写作指导、到校针对指导和集中培训指导，协助参训教师开展示范课、赛课、评课、课题研究等活动。

### （四）凝练学员培训成果，发挥引领带动作用

培训模式和手段是培训效果的可靠保障，高校专家、教授一般重视理论知识的讲解和前沿理念的传递。但是因为工作性质的制约，他们大多缺乏具体的教学实践和生动的教学案例。而一线教师拥有丰富的经验，体察学生心理，了解教材动态，熟知工作甘苦，更容易和受训学员产生共鸣。

近几年的调查问卷也显示，最受学员欢迎的课就在那些来自教育一线的名师讲堂上。逐渐加大一线优秀教师的比例，创设案例式的教学情境，使学员体验到作为学习者和教师两种角色在培训中的感受，在和这些既是同行又是专家的培训教师交流研讨中反思，在反思中提高，带着问题来，变换角色听，取得真经回。总之，应加强对不同类别、层次、岗位的教师的需求研究，以问题为中心，以案例为载体，突出研修特色，培训模式力求灵活、多样、实用、有效，为教师专业成长提供帮助。

项目实施过程中出现的其他问题也值得反思，教师的培训研修只是教师专业发展的一个方面，高校根据庆阳市教师发展的具体问题具体分析，进行精确聚焦，确保项目真正体现教师的专业要求，基金会从资金等方面给予教师专业发展支持，当地做好各方的统筹协调工作，出台有效的激励机制和配套措施，并落到实处。发展革命老区基础教育，促进义务教育的均衡发展，仅仅有热情和愿望是远远不够的，只有三方共同努力，形成合力，协同创新，建立长效合作机制，才能真正做好西部乡村教育的精准帮扶。

# 美丽园丁教育基金会支持庆阳革命老区基础教育质量提升协同创新计划实施方案（节选）

美丽园丁教育基金会以"爱心扶助、多元支持，区域联动、行为改善，示范引领、持续发展"为实施思路，形成贴近教师发展和学校发展需求，具有前瞻性、实效性、持续性的庆阳市基础教育质量提升协同创新计划。实施目标通过政府、基金会、高校三方合作，实现如下目标：

以为期 3 年的多元化、全方位教师和校长培训为引擎，全面提高广大教师和校长的"五个水平"和"五个能力"，做到"三个修复"，力争实现庆阳基础教育的"四大突破"：即提高广大教师和校长的政策水平、理论水平、专业知识水平、心理健康教育水平、师德水平；课改能力、信息技术能力、依法从教能力、教育教学反思能力、教科研能力；修复偏颇的教育思想和教育观念、修复理论与实践错位、修复失衡的各种关系，进而惠及每个学生的全面发展，实现庆阳基础教育管理体制机制创新上有突破、教师队伍整体素质提升上有突破、特色示范校创建上有突破、质量增位提质上有突破，全面提高教育的发展层次、发展水平和发展品质。

### 一、庆阳市名师工作室主持人培训

培养一批具有现代教育素质和开拓创新精神的名师，打造一支全市教育教学、科研课改领军教师团队，并有效发挥他们的领衔、示范、激励、凝聚和辐射作用，带动广大教师的专业化成长。

帮助庆阳市 3 年内打造 5080 个名师工作室。并以名师工作室为平台，通过名师课堂、网络研修、集中研修、课例研讨、同伴互助、对口帮扶、送教下乡等形式，带动工作室成员及其他教师共同成长，形成同一领域教师加盟的"教、研、训"教师发展共同体。

### 二、教育家型校（园）长

通过高层次、高水平的研究型培训和实践锻炼，3 年培养 30 名办学理念先进、视野开阔、领导能力强、具有开拓创新精神、在省内外有较大影响力的教育家型校（园）长，使其对教育有独特的理解和教育主张，有独特的办学思想，在制度、价值、愿景、文化等方面有引领性，在管理创新、培养专家型教师团队、促进学校持续发展上有建树。

### 三、卓越教师培养

目标：通过高级研修，使骨干教师在思想政治、职业道德、教学观念、专业知识、教学技能和科研能力等方面得到全面提高，为形成独特的、个性化的教学风格奠定基础，使他们成为全市教育科研的引领者和学科教学的带头人。

方式：每年从县级以上优秀教师中选拔 100 名，3 年共 300 名，到陕西师范大学进行 3 周的集中培训。培训方式采取理论与实践相结合，参训人员在进行 1 周理论培训后，走进陕西师范大学基地学校跟岗实践 2 周，参与学科教学的备课、上课、听课和研讨活动等全过程，与名师面对面交流，学习先进经验，更新教学理念，进一步提高学科教学水平。同时，在每年 100 名参训者中选拔 30 名积极上进、具有名师潜质的优秀者，再进行为期 3 年的持续培训，培养卓越教师，构建名师梯队。

### 四、骨干班主任培养

目标：通过研修，明确班级文化建设内涵，理清班级文化建设的设计理念与思路，探索班级文化建设的类型和结构，确立班级文化建设的基本载体，实现教育教学的有机融合，为打造研究型、专家型班主任队伍搭建平台，逐步增强班主任工作的针对性和实效性，全面提升中小学班主任的研究能力和管理水平。

方式：每年分学段选拔 300 名（3 年共 900 名）近 3 年来担任班主任工作、班级管理经验丰富、育人成效显著、有一定发展潜力和培养前途的骨干班主任在陕西师范大学进行系统的学习培训；由陕西师范大学选派全国德育专家、优秀班主任等组成专家团队，深入学校进行教学和班级管理指导；实施导师制，培养"立德树人"方面班主任工作专业人才；通过评价与考核，对学员成果进行检验。

### 五、教育管理人员培训

（一）学校教学管理干部培训

目标：通过培训，使学校教学管理干部能掌握履行岗位职责必备的知识和技能，提升依法治校能力，改变相对滞后的教育管理理念、方法，以及改革创新、科学决策和驾驭复杂局面的能力，提升学校管理干部的制度和文化设计力、领导力、执行力，为庆阳市中小学校长队伍培养后备力量，促进中小学管理队伍整体水平提高。每年组织百人以上学生的学校副校长、教务主任、政教主任 150 名集中研修培训 15 天，其中理论培训 7 天，挂职锻炼 8 天。

方式：参训管理干部到陕西师范大学集中培训 1 周后，走进陕西师范大学附属中学、附属小学等基地学校跟随学校同职务管理干部，参与学校管理的全过程，模仿、借鉴他们的先进经验、做法。

（二）市、县（区）党委、政府分管领导，教育局行政管理人员

目标：通过培训使党委、政府领导干部充分认识教育对社会经济的先导性、基础性和影响力、推动力，提高指导教育、管理教育、研究教育的能力；增强教育行政干部在理论和实践上的预见性、原则性、系统性和创造性，提高运筹决策、协调冲突、融洽关系的能力。

方式：每年组织 300 名市、县（区）管理干部分期、分类在北京师范

大学集中培训 10 天。培训坚持以问题为导向，注重理论与实践相结合，组织干部边学习、边研究、边推进工作，提升市、县（区）教育行政干部的整体素质。

### 六、幼儿园教师培训

目标：促进幼儿教师更新教育观念，着力解决幼儿教师在教育中面临的实际问题，提高幼儿教师的专业能力和培训能力，为庆阳市培训一批在促进学前教育发展、开展幼儿教师培训中，能够发挥辐射带头作用的"种子"和培训者，促进幼儿教师队伍整体水平提高，每年组织 100 名幼儿骨干教师、150 名新入职的未从事过学前教育工作以及新招录的非学前教育专业的幼儿教师在陇东学院集中培训 3 周。其中，理论学习 1 周，实践实习 2 周，由陇东学院在庆阳市内选择省级示范幼儿园进行。

方式：了解前沿理论动态和新的教育理念，扩大人文、科学与艺术领域知识面，学习并掌握幼儿教育特色成果，研究幼儿教育教学活动规律，并在省级示范幼儿园跟岗实习，增强职业认同和专业技能。

### 七、特岗教师培训

目标：通过培训，使特岗教师深刻领会新时期教师职业道德的内涵及其基本要求，正确认识教师专业发展的迫切性和现实意义，及时更新教育观念，增强发展的信心和动力，提高特岗教师职业道德素养；了解学科教学改革的热点，深入探究学科教学、班级管理、校园文化建设等工作，解决新课程实施过程中的实际问题，提高特岗教师实施素质教育和新课程的能力与水平，每年培训特岗教师 400 名左右，在陇东学院集中培训 7 天。

方式：（1）集中培训与校本培训相结合。集中培训由陇东学院承担，力求将教师面授、自主学习、分组研讨、教学观摩、研课评课、课题研究、观点报告有机融合，切实提高培训的针对性和实效性。校本培训由特岗教师所在学校负责，既要根据培训教材设立专题进行培训，又要强调教师的个人研修，完成集中培训的作业，强调教师在实践中反思，在反思中研究，逐步感悟和消化新理论，形成新的教育观念和教育行为。（2）理论学习与实践操作相结合。一方面要帮助特岗教师理清学习重点与难点，加强学习指导，督促特岗教师做好读书笔记，进一步转变观念。同时，要加强实践的操作，提高计算机应用能力和网络学习与研讨的能力。

### 八、陇东讲堂引智入庆高端带动工程

目标：致力于全市广大教师、校长的专业发展，提升其教育理论素养，带动校长管理水平和教师课堂教学能力提升。计划每年邀请国内著名教育专家、课改专家及一线名师走进庆阳市、县（区）做专题报告60余场次，进行教育思想引领、课改实施引领、课堂教学引领、校园文化引领、班级管理引领。

方式：邀请名师名家，举办"陇东讲堂"；聆听专家讲座，感受名师风采；与名师面对面，在交流中提高。

（1）名师名家进庆阳。一是依托北京师范大学、陕西师范大学和国内外教育学、心理学、脑科学、管理学、艺术教育等领域的高水平研究者，遴选有热情并熟悉中小学教学的新课程学科标准专家、教材研究与开发编写专家，把基于需求、基于专题的系列"陇东讲堂"课程引进庆阳，落地培训中小学、幼儿园骨干教师3000名；二是邀请一线优秀名师名家，"带课进班"，走进庆阳。同时，借助网络等信息技术手段，全面辐射庆阳3万余名中小学教师的能力提升。

（2）志愿者进庆阳。针对庆阳市农村和边远山区音乐、体育、美术、英语、科学等学科教师严重匮乏等实际问题，对接国内专业志愿者团队，开展形式多样的特色课外活动，为庆阳教育发展提供对口支持，奉献爱心。

### 九、农村教师核心素质全面提升工程

（一）农村学校骨干校长培训

目标：通过研修培训，使他们尽快改变已有的相对滞后的教育与管理理念、方法，尽快成长为优秀校长，并创办出名优学校，充分发挥辐射带动作用，促进农村中小学校长队伍和教师队伍整体水平的提高。

方式：每年为庆阳市8县（区）培训60名农村学校校长（初中30名、小学30名），采取集中研修培训方式，时间为20天（理论研修8天、挂职实习12天）。

借助陕西师范大学、陇东学院优质资源，从学员实际需求出发，注重学习方法的掌握、研修能力的形成与创新意识的培养，通过任务驱动、项目作业等方式，强化学员自我设计、自我创新与自我完善，使其主观能动

性最大化得到释放。培训方法要由灌输向研究转变，实现以研促训的培训目标。

（二）农村学科骨干教师及培训团队培训

培训由陕西师范大学、陇东学院承担，每年培训农村学科骨干教师500名左右，3年共1500名。师资由一线教学名师、特级教师、骨干教师、教研人员和专家学者组成（应选拔一定比例的农村一线优秀教师），其中名师、特级教师和骨干教师占70%以上。培训分两个层次：第一个层次，每年培训农村学科骨干教师500名左右，在陕师大集中学习3周，3年共1500名；第二个层次，从每年的500名参训人员中根据培训成绩和个人发展意愿，择优选拔100名作为培训团队成员，进行3年跟进培训，构建农村教师培训团队。

目标：全面掌握和理解新课程标准对教师能力素质的要求，有效提高学科知识水平、课堂教学能力、班级管理能力及其现代教育技术应用能力，培养良好的自我评价反思意识和习惯，促进教师专业可持续发展。

方式：采取培训与研讨相结合、专题讲授与观摩学习相结合、主讲教师与点评教师相结合，体现学员主体、问题教学和参与式互动。通过专题讲座、案例教学、课堂观摩、主动作业、说课评课、讨论交流等多种方式，努力调动学员的学习积极性，以达到最佳培训效果。

（三）农村义务教育阶段学校紧缺薄弱学科教师培训

目标：委托陕西师范大学对全市农村义务教育阶段学校担任音乐、体育、美术、英语、小学科学教学的专、兼职教师进行培训，实施周期为3年。培训以提高教师的学科知识水平、课堂教学能力为重点，提升庆阳市农村义务教育学校教师的整体素质，优化庆阳市农村教师队伍结构，促进全市城乡义务教育均衡发展方式：采取集中培训方式进行，实行专题讲授、互动研讨与模拟演练相结合，主要进行教材学科知识、学科教学技能培训。具体实行基于理论与实践有效结合的教师培训"五步"模式，即"定位问题—理论引领—实践体验—互动反馈—自主反思"，以问题解决为切入点，以理论学习为先导，以行为跟进为重点，以互动反馈为修正，以自我反思为深化，确保培训效果。

（四）农村全科教师培训

目标：针对农村小规模学校年轻教师少，民办教师转正人员年龄偏大、学历层次低、知识老化、不会使用现代多媒体教学手段，课程很难开齐的现状，计划利用3年时间对农村小规模学校男年龄在55岁以下、女年龄在50岁以下的教师，在陇东学院进行集中一学期的置换培训，每年培训300名。通过置换培训，努力建设一支符合农村小规模学校或教学点实际，适应各学科教学要求，具有现代教育教学视野及基础素养，既"留得下"、又"教得好"的农村教师队伍，逐步缩小城乡教育发展差距，促进教育公平。

方式：考虑到顶岗实习生在实习学校的食宿问题，拟将陇东学院即将毕业的师范类本科生选派到各县（区）、镇及交通、食宿条件相对较好的学校顶岗实习，再将这些学校置换出的教师派到农村小规模学校及教学点支教，从而将农村小规模学校及教学点的教师置换出来，在陇东学院进行系统的教学能力提升培训。

（五）送教送课下乡

目标：通过专题报告会、现场观摩教学、同课异构评析、开展课例研讨等系列活动，推进农村中小学教师素质提升工程的实施，不断更新农村中小学教师教育观念，提高教师职业道德素养和实施新课程，以及运用现代教育技术进行教育教学改革的能力，全面提升中小学教师队伍整体素质。

方式：采取专家报告、名师讲学、观摩教学、同课异构、说课评课、专家咨询、校本培训指导、交流互动等多种形式，鼓励名师骨干教师与农村中小学教师保持经常联系、长期指导和跟踪服务，力求送教送培活动贴近实际、形式多样、生动活泼、取得实效。

成长案例

# 遇见，方能"预见"

## ——我的专业培训之路

杨安平

"出发，就是一种抵达；抵达，就是新的出发。无穷的远方，都和我无关；无穷的远方，都和我有关……"

这是参加以色列国际游学培训活动归来时，我在飞驰的列车上写下的朋友圈感言。是的，人生就是一场行走，所有经历都值得珍视，所有开始都隐藏着无尽的未知。

28 年前，18 岁的我中师毕业，回到家乡宁强开启了教育征程，辗转走过五所学校，从乡村到城市再回到乡村，从语文教师成长为教育管理者，我将全部的热爱倾注于这份普通而不平凡的事业，用脚步丈量着现实与理想的距离，在不断地行走和修炼中渐渐找到了生命的终极意义，在成就学生的同时也实现了自我的专业嬗变。

### 一、求经问道：做教育理想的追寻者

2018 年 11 月的长沙，已进入初冬时节，蒙蒙细雨为这个南方城市平添了几丝凉意，却挡不住一群虔诚的"朝圣者"似火的热情。我们来自全国各地的 40 名乡村校长，怀抱教育理想主义追求，相聚在毛泽东主席的母校——湖南第一师范学院，参加 2018 年马云乡村校长终评与培训。

16 日，几经辗转，抵达目的地时已是暮色时分。当晚的见面会情味浓浓，无论是年近花甲的老校长还是"80 后"年轻校长，虽然每个人的行走方式不同，所演绎的故事也不同，但都有着同样真挚的教育情怀，写满艰辛与奋斗的乡村教育路上，处处散发着温暖的、坚韧不拔的人性光辉。

第二天一早，我们就开启了与众不同的"魔鬼式"培训：

两位人力资源高级导师的培训精彩纷呈，发人深省。知性优雅的邵琦老师主讲了《情商领导力》课程，从自我认识、自我表达、人际交往、压力管理、决策等五个方面，引导校长们"修炼"高情商。其独到新颖的视角，生动翔实的案例，明白晓畅的讲解，愉悦有效的互动，带给我们全新的思想冲击。阳光开朗的王海老师本人就是《高效人际关系沟通与激励技巧》课程最好的诠释，他博学睿智、幽默风趣，将实际问题和情景创设渗透到互动体验中，培训现场笑声不断、争论不断，大家热情高涨，"脑洞大开"，完全感受不到时间的流逝。我想，如果每位老师都能把自己的课堂变成这样的风景、这般的享受，何愁孩子不以学为乐呢？

两位名校长的分享充满智慧与力量。西安师范附属小学刘玲校长结合自己的教育实践现身说法，一句句经典的话语，一个个鲜活的故事，一张张生动的图片，把我带进了刘校长所构建的西师附小那方幸福美好的精神家园，我不由得被那些有温度、有力量的教育细节所感染。长沙育英学校周方苗校长以"共享教育在行动"为主题，讲述了先后担任两所学校校长的"传奇"经历，阐述了学校管理中必做的"二三事"，前瞻而具体，为解决乡村学校资源匮乏问题提供了新的思路。

在此期间，我们还参观了湖南第一师范学院城南校区，深入了解青年毛泽东的求学史、革命史，亲身体会"学高为师，身正为范"的丰厚内涵。

最后一天集中评审，40位乡村校长分组进行个人陈述和现场答辩。我采用"图说"的方式，分享了我校"五个一千"的教育故事，展现了一所乡村学校的升华蜕变之路，融入了对家乡教育振兴的真挚情怀，对基础教育的深入思考，对学校未来发展的满怀憧憬。每位校长拿出各自的"绝活"，一言一行都是极好的"镜子"，我们在彼此的故事里感受温暖与力量，获得了前所未有的思考与启迪。不忘初心，始得幸福，我想，培训中的专业提升远比评选结果更重要！

不同于以往"正襟危坐"，本次培训呈现出以下特点：时间密度大，从早八点到晚十点，而且每天晚上都要对当天内容进行"复盘"；课程内容丰富，不局限于教育理论的传授，而是从教育领域到其他领域"跨界"

融合；培训形式新颖，特别注重互动体验和团队建设，看、听、想、议、做全方位、多感官参与。这次研学带给我全新的视角，使我重新审视教育，通过深入思考观照内心，我愈加清晰地认识到，教育就是纯粹的爱，是极度的利他，育人者要站在儿童立场看教育，以柔软的内心去关切人性，以同理心去感受孩子的生命律动，当我们把目光投向遥远的未来，把脚步低到尘埃的深处时，必将从平凡中获得高贵的价值意义！

长沙之行刚刚落幕，我马不停蹄赶赴上海，参加第 37 期全国初中骨干校长高级研修班。

宝贵的 45 天，漫步在华东师范大学秀丽的丽娃河畔，吮吸着浓郁的文化与学术芬芳，回归内心宁静，共话教育梦想，对于我这个没上过大学的"大"学生，幸福感无与伦比。教育部中学校长培训中心精心设计的学习课程，让我经受了一轮前所未有的精神洗礼：近 30 场专家讲座，4 轮管理经验交流，两场读书分享会，近 20 所沪浙名校考察，以及文化拓展、党性教育、舆情应对演练、制订学校改进行动方案……每天都在"头脑风暴"中度过。我写下了 40 则研学日记，真实记录了自己的见闻和感受，那些关于学校管理与校园文化、课程建设与教学改革、学生成长与德育、教师专业成长与发展等各个领域的议题，都深深吸引着我去探索、实践、研究，去不断完善和超越。

美好的时光总觉短暂，还没做够"大学生"，就到了离别的时刻。颇具仪式感的结业典礼后，可亲可敬的班主任王红霞老师亲自为 48 位校长学员一一送别，所有不舍都化为声声祝福。相逢时难别亦难，忘不了林荫道上并肩同行的身影、听讲时的专注目光，忘不了发言时的儒雅谈吐、寒冷时的温暖叮嘱，忘不了贴心小礼物、真挚微祝福，有一天我们终将老去，但浓浓师生情、深深同窗谊，都将成为生命中永不褪色的风景。

上海以及华东师范大学，底蕴深厚，开放，包容，高端，多彩，魅力无限，让人受益匪浅，深感幸运和幸福。这里的每个人都是一面镜子、一盏明灯，从大学教授到一线校长，从教育思想到管理实践，或豪放，或沉静，或张扬，或稳重，或神采飞扬，或朴实无华，各美其美，兼容并包，从专业发展到人格修为，都带给我无穷的教益和启迪，让我在找准自我定位的同时，更加明晰了前行的方向。

华东师范大学培训结束第二天，我就从上海直飞三亚，参加1月13日的马云乡村教师颁奖盛典。马云先生与来自全国23个省的100位乡村教师和20位乡村校长一起"重回课堂"，他以教育面向世界、面向未来的视角，分享了对"教"和"育"的见解，以及对乡村教育的美好憧憬。奥运冠军惠若琪、全国优秀教师朱爱朝、故宫博物院院长单霁翔、专业教练胡慧莹分别为我们上了乐动课、乐学课、乐思课和《自我认知与目标设定》课。在习习海风中，盛大的颁奖晚会拉开帷幕，马云先生及马云基金会理事、著名企业家为获奖校长和老师们颁奖，教师代表与影视明星同台演绎。那一刻，坚守偏远乡村的老师们充分感受到被尊重、被肯定的幸福感。三亚之行更加坚定了我的教育信念。我相信这个世界充满了无限精彩，相信生活的多元与缤纷，相信教育的诗和远方！

如果说，获评马云乡村校长唤醒了我日渐消退的激情，那么后续的网络社区研修、国际游学、集中培训、名校跟岗实践等系列研修则为我注入了无尽的能量。

好教育到底长什么样？怎样培育适应未来的创新人才？

带着这样的困惑和思考，2019年5月20日，我们踏上了充满神奇想象的以色列访学之旅。

从北京到耶路撒冷，往返历时12天，行程近20000千米，我们的足迹遍及以色列南北城乡，参访各类学校和培训研究机构20余所，听取讲座30余场，参观了著名的自然人文胜地，互动交流、研讨分享、反思小结成为每天的必修课……这趟旅程留给我太多见闻和感受，在我的十二篇《以色列访学随记》中，记下了这样的文字：

> 精致的城市，古朴的建筑，到处盛开的鲜花，自由飞翔的鸽子，千年大教堂的钟声，名字和记号堂的历史影像，梦幻迷离的灯光秀，大卫王的传奇故事，不同民族聚居的街区。

> 美丽的地中海风光，湛蓝的海水和温煦的海风，沙滩上享受日光浴的人们，马萨达遗址古老的历史回响，"死海不死"的真实体验，绿色遍布的大片农庄，科学省电的沙漠空调房。

> 大清早堆放在餐馆门口的蔬菜水果，象征友好的中以两国国旗，丰盛的家庭晚宴，随处可见的读书人、艺术家，热情好客的

犹太居民。

　　"求经思维"讲座的精深与厚重，SIXSI 演讲的激情与反思，开放融合的学校与社区，实践创新与科技应用的课堂，丰富的学校课程与社团活动，民主和谐的师生关系，热心服务的志愿者团队，专注的学生"摄影师"和引导员。

　　……

　　要真正了解以色列这片神奇的土地、读懂这个民族，十天，太短太短；十年，也许还不够。打开以色列地图，我们脚步触及的每一个地方、每一所学校，一路遇见的每一个人，都在我心中留下了深深的印记，我不止一次试着为他们找到一个合适的定语，却始终不能。我只能大致勾勒我印象中的以色列和犹太民族：他们有虔诚的信仰、高度的自律、开放包容的心胸、持续的学习力、卓越的创新力、未来意识和全球意识，以及对生命、对生活的全部热爱。这些都给当今的中国，给我们的学校教育带来深思！

　　学习，永无止境；最好的风景，永远在路上。多年来，我孜孜不倦地追寻心中理想的教育，从乡村到城市，从国内到国外，从官方培训到民间研修，一次次领略到不同的风景：乡村教育根植于山乡原野，它具有大地一般的温度与宽度；城市教育行走在前沿高地，它有着天空海洋一般的高度与深度。我深深意识到，即便是乡村学校，也不能仅满足于"让孩子有学可上"，而要努力"让学生学得好"——为乡村孩子提供均衡、优质、可持续发展的教育，培育出适合乡村土壤又紧贴时代前沿的办学特色。无论城乡教育有多大差异，当回归到"人"的立场上——关照每一个学生的生命成长、每一位教师的专业修炼、每一位校长的思想沉淀，农村与城市就没有本质区别，我们就可以创造出无尽可能和无限精彩。

## 二、课堂寻真：做诗意语文的研究者

　　做一名研究型、专业型现代乡村校长，一个有温度、有厚度的"草根"语文教师，促进"教"和"育"的融合共生，是我专业发展的目标愿景。为此，我根植课堂教学一线，积极参加各类培训学习，不断汲取专家名师的先进理念和实践智慧，努力追寻思辨、诗意、开放的课堂风景和有质、有趣、有品的生命课堂境界。

影响人一生的，往往是一些关键人物、关键事件、关键行动。这些年来，与语文有关的几个重要培训，不断砥砺我走上了专业发展的快车道。

**2013 年 1 月，汉中中学。**

汉中市中语会年会在这里召开。这次活动对我的语文人生产生了转折性的影响。会上，陕西省教学能手房卫华、唐必芬、张美宁老师分别执教了示范课《人生寓言》《细节出神韵》《台阶》，精彩的课堂深深感染了我。房老师教学的"文味"与"思想"传达了"文以载道"的理念；唐老师的细腻与质朴展现了一个"本色"语文教师的温婉，具有浓浓的生活味；张美宁老师精妙的教学设计和读写结合训练，如行云流水般让人感受到文学之美、情味之美。汉中名师李旭山老师分享了教科研论文写作，理论积淀深厚，实践经验丰富，经典而实用，充满哲思。

对我触动最大的，是陕西省教学能手罗辉老师的专题分享，她深情讲述了自己的心路历程：在第一年赛教失利后痛定思痛，精研细磨，重新备战，第二年终于获得了"陕西省教学能手"。台下的我，领略着罗老师的风采，感慨于她的专注、执着，以及成绩，自责于自身的懈怠与庸常。想起 10 年前，我参加工作第 3 年就被评为"宁强县教学能手"，并被推荐在中语会年会上做题为《语文教师应具备扎实的教学基本功》的专题分享，真可谓"初生牛犊不怕虎"。而今天呢，我却因为各种原因而导致专业发展停滞不前，罗老师几乎与我同龄，同一年参加工作，同样的语文科目，同样的起步，但她却已成长为专业精深的省教学能手。其中存在巨大差距的原因究竟是什么？是天赋，还是努力？是能力，还是机遇？这样的追问不断撩拨着我 30 岁的神经，我下定决心"寻梦"课堂，一定要通过课堂磨砺，成为像罗辉那样的优秀教师。

**2013 年 4 月，宁强。**

陕西省"名师大篷车"送教培训活动走进宁强县逸夫中学。带来了省教学能手闫妍老师的示范课和特级教师侯晓田老师的报告。闫老师执教的《春酒》展示了独特的教学风采，一是教学设计妙，选准教学突破口，紧扣"家乡味"这一主题词，串联起文本内外逐层深入的四板块学习，思路清晰，教学流畅，课前"热身"和课中《舌尖上的中国》视频片段选用十分巧妙。二是语文功底深，课堂充满了浓浓的"语文味"，对语言学习点的准确选择，恰到好处的引领点拨，诗意的教学语言，宽厚的教育情怀，课堂呈现出美好的生命景象。正如闫老师所说，教师在设计一堂课时，一定要清楚想把学生带到哪里去，是否能在课前给学生提供适度的"阅读期待"，对于定位一篇课文的教学目标至关重要。侯老师从语文教师面临的"窘境"说起，阐述了幸福老师的三项修炼：心中有爱，与职业相爱，葆有一颗对学生无私的爱心；目中有人，"知己""知彼"，找准专业上的"生长点"，关注每个学生的需求；手中有法，用语文的方式教语文，沉静为课，素雅为人。侯老师丰富的语文教学实践、精深的理论素养、广博的学识、风趣的语言深深感染了我。

在交流环节，我道出了萦绕心中许久的困惑。侯老师指出，教学是有缺憾的艺术，唯有不完美并认识到存在的短板，才会不断进步，每位教师都应该珍视上公开课的过程，这是一种共同成长。这对于怕上公开课、怕上台面的我，是一种极大的鼓舞和唤醒。这次活动进一步点燃了我对语文的激情，让我内心隐约着的"不甘心"化为了实际行动，开始为省市教学能手评选做准备。

**2014 年 10 月，汉中龙岗学校。**

"国培计划（2014）"——陕西省优秀青年教师"浸入式"培训在这所民办名校拉开帷幕。我主动申请参加培训。这是我真正意义上的第一次语文"体验式"培训，杨建平、汤勇、邓爱华等二十余位专家名师通过交流研讨、影子实践、听示范课、上汇报课、作业、简报等研修活动，帮助我不断更新教育观念，拓展教育视野，领会教学方法，让我深刻领略到龙岗学校"精益求精"的办学追求。特别是我影子培训的师父、学姐王娟老师细致入微地指导我跟班、听课、备课、参加教研活动，她对工作的专业与专注、为人的谦逊与谦和深深感染着我、激励着我。最终，我执教的汇报课《蝉》获得了与会者的好评。

这次培训，我作为学员代表先后在师徒结对仪式和结业典礼上发言，受到莫大鼓舞。我感动于龙岗之行遇见的人、事、物、景，以及每一个细节、每一个故事。它们背后都蕴藏着巨大的能量，每一个团队成员的教育情怀、务实作风，充满朝气、锐气、大气的精神状态，就像是一个无形的能量场，影响着我坚定地走向理想中的教育高地！紧张而充实的培训结束了，我反而变得异常沉重与沉静：沉重是因为找到了差距，清醒地认识到自己的浅薄与慵懒，明白此后要做的事还有很多很多；沉静是因找准了定位，更加清晰地知道自己的目标和路径，确定了我努力奋斗的价值和意义。

千淘万漉虽辛苦，吹尽狂沙始到金。2015 年艰苦"备战"后，我踏上了县、市、省赛教之路，一关又一关层层选拔，一次又一次反复实践修正，一点又一点精研细琢，我的课堂教学水平在不断地否定与重构中提升，逐渐形成了民主、开放、思辨的课堂特色，最终以省赛小组第四名的成绩被评为"陕西中小学教学能手"。

那一刻我明白，时间、精力所有的付出都有价值，那些参加过的培训、读过的书、听过的课、研究过的问题，无形中孕育了我心中理想的语文课：有效度——言语活动有效，有温度——人文内涵丰厚，有厚度——课堂生成真实。那一刻我也坚信，世上无难事，只怕有心人，仅仅中师毕业的我，起点虽低，却心怀梦想，在历经别人看得见或看不见的努力之后，我也可以成为更好的、独一无二的自己！

课堂寻真，犹如向珠峰之顶攀登，向地壳寻求宝藏。仰之弥高、越高，攀得越起劲；钻之弥坚、越坚，钻得越锲而不舍。

此后，我持续加强专业研修，先后加入陕西省中小学学科带头人罗辉、吴伟、唐必芬、房卫华工作坊，2018 年，我有幸成为陕西名师、特级教师曹公奇工作室成员，积极参加工作室组织的每一次研修活动，深入开展课题研究，认真完成读书、写作、研讨课等各项研修任务，在团队共建、共研、共享中汲取成长养分，在相互交流中磨砺思想，提升教艺，积蓄了充足的专业成长能量。

2016 年至 2019 年间，我多次参加线上线下国培、省培和市县教学研讨会、学科教师培训，2019 年年底，我参加了陕西省第六批中小学学科带头人培养对象第一次集中培训。此外，我还远赴西安、宝鸡、成都、广元、江苏、北京、重庆、云南等地，参加了部编本语文新教材培训、"名师之路"教学观摩研讨会、"丝路之春（秋）"当代名师大讲堂、新教育实验年会等高端培训活动，得以近距离聆听名师专家报告，领略他们的课堂教学风采。余映潮、黄厚江、程翔、肖培东、王君、丁卫军、胡明道、周群、赵明、曹公奇、贾玲、闫妍等省内外语文教学大家，以精深的理论水平、精妙的教学艺术、独特的教学思想，为我打开一扇扇通往语文美好世界的窗扉，砥砺我在内心省视中启智厉行，在以人为师中认识自我、改变自我，在以人为范中完善自我、成就自我！以人为师，以课为镜，以书为友，以笔为犁，我累在其中，也乐在其中，成长于其中。

近年来，随着"国培计划"的全面实施和陕西省中小学教师校本研修的深入推进，"阳光师训""名师大篷车""国培"送教、教师继续教育等一系列高质量、"接地气"的培训活动持续开展。同时，全国各地举办的"非官方"高端学术活动也如雨后春笋般涌现，进一步拓宽了研修途径，有力地提升了广大教师的专业水平。这些培训经历给予了我许多收获，也让我愈加清晰地认识到：培训学习犹如吃饭喝水，不能饥不择食，而要有针对地选取适宜的、有效的内容和方式；不能只一味地学习而不进行内化吸收，将所学知识转化为能力素养才是培训的最终目的；灵活多样的培训形式更能激发学习热情，订单式培训、体验式学习远比单纯听讲更高效、有趣；学习专家名师绝不能盲目追捧，刻板模仿，而要理性借鉴、汲取，在实践中逐步形成自己的教学风格，凝练其独特的教学思想。

一次培训就是一场洗礼，一次研讨就是一场争鸣，研修活动带给老师们深刻的思想触动和强烈的自我期待，我在享受精神文化盛宴的同时，增强了教书育人的责任感与使命感，并从这些专家、名师成长背后的故事中不断汲取力量，努力追寻属于自己的职业幸福与生命意义。

### 三、引领示范：做教师成长的带动者

2017 年 4 月，由陕西省教育学会主办的"丝路之春"第三届全国当代名师大讲堂——聚焦核心素养、构建新常态下全国初中语文名师与陕西名师优质课堂教学观摩研讨会在西安高新一中隆重举行，来自全国各地的400 余名语文教学专家、名师和一线教师参会。

我作为省内四位公开课执教者之一，与余映潮、黄厚江、韩军、周群等全国语文名师同台献课。

4 月 22 日 14：00，学生准时入座，课堂即将开启。这是我第一次在全

国性学术活动中上公开课，面对台下黑压压的观课者和台上炫目的灯光，心中难免有些紧张。

开课铃声响起，我开门见山，直接带领学生读课题——《阿长与〈山海经〉》，然后避开常规的事件梳理和人物品析，设计了以下三个学习活动：1. 知"厌烦"——由略读1、2段入课，抓住关于阿长的几种不同称呼，提取重要信息，初步感受童年迅哥儿对阿长的"厌烦"与"憎恶"；2. 品"敬意"——重点品读买《山海经》的语段，以"为什么这是我最心爱的宝书？"为牵引，采用还原法、对比分析法引领学生进入文本的"有我之境"，以想象改写阿长买回《山海经》时"我"的内心感受，进一步感受阿长这个"小人物"人性中的真、善、美；3. 悟"心声"，结合钱理群教授评析鲁迅的助读资料，体会作者蕴含在字里行间复杂而深沉的情感。整堂课与学生一道在文本中进进出出"走几个来回"，在多种形式中领略作品的形象美、语言美、意蕴美。

陕西省特级教师贾玲在点评时给予充分肯定："设计精巧，关注学生主体，紧贴文本教学，注重朗读与悟读训练，以激情感染学生，引领学生不断走进文字，感受鲁迅先生的温暖情怀，让真情在文字中、在内心流淌，特别是对阿长买回《山海经》时内心感受的改写，丰富了文本内涵，最后以钱理群教授的话落脚，十分精当。"

紧接我之后登台的是著名语文特级教师余映潮老师。其实在我的课尚未结束时，余老师已从会场后门悄然进来，坐在后排静静听我讲课。余老师执教了经典课例《说屏》，并分享了关于阅读教学艺术的真知灼见，课堂直指学生能力训练，讲座聚焦一线教师困惑，真正达到了"人课合一"的境界。这是我第三次现场感受余老师的风范，一如既往地从容大气，一如既往地简练高效，而我每一次都从中获得不同的思考和提升。

晚餐交流时，余老师对我的赞赏和鼓励，让我倍感温暖。其间，有人问余老师："您平时非常繁忙，但每次公开课都不重复，而且还写了那么多的文章，您的时间从哪里来呢？"对此，余老师谦和地说："时间就靠一个字——'挤'，只要想做一件事，总会有时间的。对于我来说，每一分钟都没闲着，平时吃饭、坐车、乘飞机，包括现在我们聊天，我都在不停地读书、思考、写作，在用不同的形式学习。"朴素的几句话却含义隽永，道出了大师之所以成为大师的缘由。后来，我在网上读了《大师是这样炼成的》一文，对余老师更加敬佩。我愈加明白，优秀的背后往往有常人无法想象的付出和奋斗。

这次作为"专家"的培训活动，是我专业成长历程中浓墨重彩的一笔，在与众多"高手"和各地一线教师交流研讨中，推进了我由培训学员向培训者、引领者的转变。

如果说，过去的培训经历是"输血"的过程，那么，我在不断汲取、沉淀、内化中实现了自我"造血"，并逐渐具备了为他人"输血"的能力。其实，要想成为一名出色的引领者，除了要有切身的教育实践经历做基础，还需要有大量阅读、精心梳理、总结提炼的过程，这个艰难的过程又何尝不是一种更有广度、深度、高度的研修呢？

我是一个"贴着地面飞行的教育信客"，行走着，思考着，快乐着。于语文，我是痴情者，醉心于文本，痴迷于课堂，我愿用热爱点燃更多同行的热情；于教育，我是践行者，潜心于管理，倾情于学生，我乐于将我的实践和思考分享给所有教育理想主义者，我们在同教同研中共享共进，在达己达人中彼此成全。

2015 年以来，我先后成为省市"国培计划"主讲教师、"名师大篷车"培训团队成员、"马云乡村人才计划"培训分享者，积极承担各类送教送培任务 40 余场次，影响辐射半径不断扩展，受益教师、校园长近万人。从 2015 年暑期留坝县教师培训伊始，我就没停下过行走的脚步，以汉中市两区九县为主，辐射西安、宝鸡、咸阳、榆林市，延伸至四川、山西、湖南、浙江、江西等省，最远到过位于赣、闽、粤三省交界处的江西赣州寻乌县，往返一趟近 4000 千米。这些大大小小的展示与分享，让我一次比一次变得更加从容自信。

我所分享的内容较为庞杂，涉及个人成长经历、教师专业发展、教育管理创新、团队文化建设、语文课堂教学、阅读与作文等各个方面。其中《做有温度有生长力的教育》《从自在到自为——一名乡村教师的自我突围》《从儿童出发：教师的理念更新与教育创变》《回归常识，提升阅读教学有效性》等专题经过不断修改完善，备受参训老师欢迎，被评价为："既接地气，又有仙气，感性与理性、温度与高度兼而有之。"

我珍视每一次上公开课的机会，有"敢于死在公开课上的勇气"，喜欢挑战不同文体、不同课题的公开课；即便是参训者"点课"，我也会做不同的教学设计；每次新的教学设计，我很少在自己的学校或班级"试课"，而是把最真实的课例留与参训者共同研讨——教学本身就是不完美的老师带领一群不完美的学生追求完美的过程，成功的公开课可以为观课教师带来正面借鉴，公开课上的缺憾或许恰是老师们共有的困惑或难点，在有"共鸣"也有"争鸣"的学术研讨中，执教者和观课者才会获得更大的启迪和进步。课如璞玉，愈琢愈美，用一生来备课，从《阿长与〈山海经〉》《我的母亲》《紫藤萝瀑布》，到《中国石拱桥》《饮酒（其五）》《与朱元思书》等等，我一次又一次尝试，一节一节研磨，一点一点超越，把家常课当作公开课一样去精研细备，把公开课上成朴素、简约、有效的常态课，何愁上不好课？

一名优秀教师能点亮一群学生的梦想，一个优秀的引领者会通过照亮一群老师而影响无数学生。我深知，在教师专业成长道路上，一个人或许走得较快，但一群人一定走得更远，而最终所能达到的高度，必定取决于这个团队的同心所向、执着坚守！

作为校长，我持续聚力于教师团队发展，不仅自己带领老师们做培训、搞研究，还想方设法引进优质教育资源，多次邀请专家名师送培送教，为教师专业成长注入"活水"。2017年10月，汉中市教研室名师送教团队14名省级教学能手，分别为我镇初中、小学、幼儿园送课讲座。2019年暑期，上海火柴公益导师团队不远万里走进我镇，为全镇教师带来了别开生面的培训，呈现了《儿童特殊症状的识别及如何与家长沟通》《一人一故事剧场》《同理心和情绪管理》《诗意教育，遇见美好的自己》等课程，拓宽了老师们的思维和视野，激活了大家的教育智慧。

2019年12月，经过层层评审答辩，我有幸成为陕西省第六批中小学学科带头人培养对象，建立了"杨安平初中语文工作坊"，组建了专业研修团队和课题研究小组，以"搭平台、练内功、重辐射、共发展"为目标，以专业引领、研讨交流、自主研修为主要方式，着力提升工作坊团队的教科研能力与示范引领能力，提升区域内学科教学与育人质量品位。

2020年以来，依托工作坊平台，组织开展了十余次高质量的线上线下研修活动，将我们参训所学的先进理念、实用方法传递给更多人：1 月，参加曹公奇名师工作室年会；疫情期间，组织坊员听取了牛文明、曹公奇、李旭山、吕志军、石克礼、宋瑞宏等专家线上讲座；4 月，开展中考复习备考线上研讨；5 月，工作坊团队走进汉中市龙岗学校，开展语文大教研联合研修；6 月，开展市县教学能手评选选手培训；7 月，走进汉中东辰外国语学校开展专题研修……作为陕西省三级三类骨干体系建设的重要组成部分，工作坊真正发挥了引领、辐射、示范作用，带动了一大批有梦想、有热情、善学习的骨干教师迅速成长。

多年前，听一位专家讲"培训是一种福利"，那时理解还不够透彻。今天，以参训者和培训者双重身份，在亲历了无数次研训后，我深切体会到，这种"福利"不只是专业能力的提升，更重要的是视野、胸怀、思想的提升，是思维的改变和学习力的生成。我想，注重探究性、情境性、生成性的培训，才是参训者"喜闻乐学"的，也才能够学以致用。因此，深入调研，因需施教，因人设课，培训才会成为教师专业成长的动力，而不是负担。

未来已来，将至已至，学习力、创造力已成为 21 世纪人才的必备素养。肩负着教书育人使命的广大教师，应该牢固树立终身学习意识，而不能依赖于短期培训，真正把"要我学"变为"我要学""我会学"，不断增强培训学习的内驱力，专精覃思，研学用相融合，才能适应未来教育发展变革。

教育是向美而生的事业，唯有生命成长不能辜负。遇见，方能"预见"；思索，方知远近。一个真正的学习者、研究者，要摒除浮华，沉心静气，专情专注，向下扎根，向上生长，才能抵达教育本质，走进人性深处，觅得高远而辽阔的生命风景！

**作者简介：**杨安平，中小学高级教师。全国优秀教育工作者，陕西省中小学学科带头人，陕西省教学能手，汉中市"三一一"人才，汉中名校长。曾任陕西省宁强县铁锁关镇初级中学校长，现为宁强县第一初级中学校长。

# 第四编　他山之石

# 第十章　乡村教师如何"下得去"和 "留得住"：美国经验与中国启示

　　乡村教师如何"下得去"和"留得住"，这是一个世界性的热点和难点。整体而言，美国乡村教师队伍相对稳定，但区位差异较大，教师短缺主要集中在特殊教育、双语、数学和科学等学科领域，且教师入职前五年是其流失的高峰期。美国近年来试图通过经济刺激、专业帮扶、本土培养、乡村学校环境改进等多项举措来整体性提升乡村教师的薪酬竞争力和职业吸引力，为美国乡村教育的发展提供坚实的人力基础与专业支撑。我国的乡村教师改革要取得突破性进展、迈出实质性步伐，从宏观政策来看，需要打"组合拳"，推"一揽子计划"；从工作重心来看，需要抓住新教师这个关键群体，紧扣教师专业发展这一重点领域；从改革的路径选择来看，要以定向培养本土教师，作为补充乡村教师的长远之计。

　　近年来，教师短缺问题，成为美国教育界的热门话题。从教师的需求端来看，由于学生入学人数的增加以及生师比的下降，新教师需求剧增：2015—2016 学年，美国约短缺 64000 名教师；到 2020 年，每年需新增300000 名教师，2025 年则需新增 316000 名教师。① 而从教师的供给端来看，补充严重不足。有研究报告指出，2015 年，大约只有 5% 的大学毕业

---

①SUTCHER L, HAMMOND L D, THOMAS D C. A coming crisis in teaching? teacher supply, demand, and shortages in the U. S. ［R/OL］. ［2018 - 03 - 19］. https：//learning-policyinstitute. org/sites/default/files/product - files/A_ Coming_ Crisis_ in_ Teaching_ RE-PORT. pdf.

生有意向选择教师职业。① 更为严峻的挑战则在于，在新教师补充受限的同时，却遭遇着老教师不断流失的双重夹击。如此看来，美国陷入教师危机并不是空穴来风，更不是危言耸听。而在乡村学校，因受各种条件制约，教师队伍更令人担忧。需要直面的现实是：美国有约一半的学区、三分之一的学校和五分之一（约970万）的学生在乡村。② 乡村教师群体规模大、范围广，不仅如此，乡村教育因牵涉教育公平，涉及社会公正，必然引发更高的关注度。因此，如何吸引更多、更优秀的教师能更长久地到乡村从教，自然就成为美国教育改革的焦点问题和关注重点。事实上，早在1999年，美国学校管理者协会就将招募和留住高素质教师作为乡村学区的一个主要问题。当前，我国也面临着乡村教师"下不去"和"留不住"的发展瓶颈，透过中美国情差异的背后，也许我们能从美国经验中找到些许中国启示。

## 一、美国乡村教师流动现状分析

一般而言，教师流动（teacher turnover）是指教师离开现在工作的学校。但根据其流向又具体可分为两类：一是教师转到同一学区或其他学区的其他学校继续任教，即转校教师（mover）；二是教师离开教师职业，即流失教师（leaver）。整体来看，美国乡村教师保持着相对稳定性，但教师流动呈现出明显的区域差异、学科差异和人群差异。

### （一）乡村教师流失率高于城市，但整体保持着相对稳定性

就世界范围内来看，芬兰、新加坡和加拿大等国的教师流失率为

---

①BROWN D. The grow your own imperative ［EB/OL］. ［2018 - 04 - 09］. http：//www. ascd. org/publications/educational_ leadership/jun16/vol73/num09/The_ Grow - Your - Own_ Imperative. aspx.

②NUGENT G C, et al. Rural education research in the United States ［M］. Switzerland：Springer International Publishing，2017：3.

3%~4%。①美国近年来的教师转校率（movers）和流失率（leavers）都在8%左右徘徊，教师稳定率约为85%（表12-1）。

表12-1 美国公立学校教师的转校率、流失率和稳定率（%）（1988—2013）②

| 比例＼学年 | 1988—1989 | 1991—1992 | 1994—1995 | 2000—2001 | 2004—2005 | 2008—2009 | 2012—2013 |
|---|---|---|---|---|---|---|---|
| 转校率 | 7.9 | 7.3 | 7.2 | 7.7 | 8.1 | 7.6 | 8.1 |
| 流失率 | 5.6 | 5.1 | 6.6 | 7.4 | 8.4 | 8.0 | 7.7 |
| 稳定率 | 86.5 | 87.6 | 86.3 | 84.9 | 83.5 | 84.5 | 84.3 |

如果把美国的城市、城郊、镇和乡村的教师转校、流失状况做进一步的比较，不难发现，乡村教师的流失率高于城市，但城市教师的转校率高于乡村。与人们对乡村教师高度不稳定的刻板印象相比，美国乡村教师队伍保持着相对的稳定性，甚至一定程度上，乡村教师队伍比城市教师有着更高的稳定性（表12-2）。

表12-2 美国不同区域公立中小学教师流动比例（%）（2003—2013）

| 比例＼区域 | 教师流失率 | | | 教师稳定率 | 教师转校率 |
|---|---|---|---|---|---|
| | 2003—2005 | 2007—2009 | 2011—2013 | 2011—2013 | 2011—2013 |
| 城市 | 10.1 | 7.5 | 7.9 | 82.3 | 9.7 |
| 城郊 | 8.0 | 38.3 | 7.3 | 84.9 | 7.8 |
| 镇 | 6.5 | 7.5 | 6.4 | 86.3 | 7.3 |
| 乡村 | 7.9 | 8.4 | 8.4 | 84.6 | 7.0 |

①HAMMOND L D, ROTHMAN R. Teacher and leader effectiveness in high-performing education systems. [R/OL]. [2018-03-19]. https://pasisahlberg. com/wp-content/uploads/2012/12/Teacher-Leader-Effectiveness-Report-2011. pdf.

②U. S. Department of Education. National Center for Education Statistics, Teacher Follow-up Survey（TFS）[EB/OL]. （1998-2013）[2018-04-11]. https://nces. ed. gov/surveys/sass/.

### （二）乡村教师流动呈现区域差异

从美国的具体区位来看，南部比东北、中西、中东和西部的教师流失率都要高。① 而州之间的差异则更大。当调查问及"如果有更好的工作机会，您是否会离开教师岗位"时，华盛顿州的比例为14.8%，亚利桑那州的比例为11.9%，内华达州为11.5%；而南达科他州的比例仅为2.8%，伊利诺伊州为2.9%，罗得岛的比例只有1.9%。美国国家教育统计中心数据也显示，教师流动率（包括转校和流失），亚利桑那州为23.6%，新墨西哥州为23.3%、华盛顿哥伦比亚特区为23.1%，罗得岛仅为7.4%（图12-1）。②

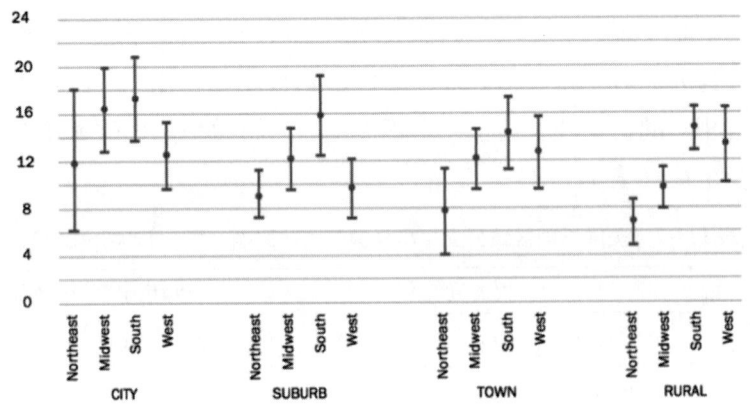

图 12-1 美国教师流动的区域差异③

①GOLDRING R, TAIE S, RIDDLES M. Teacher attrition and mobility: results from the 2012-13 teacher follow-up survey（NCES 2014-077）［R/OL］．［2018-03-16］. http: //nces. ed. gov/pubsearch.

②National Center for Education Statistics. 2011-12 schools and staffing survey［EB/OL］. ［2018-03-11］. https: //nces. ed. gov/surveys/sass/.

③National Center for Education Statistics. 2013 schools and staffing survey［EB/OL］. ［2018-03-11］. https: //nces. ed. gov/surveys/sass/.

### （三）乡村教师短缺呈现学科差异

研究显示，乡村学区和学校在双语、数学和科学、特殊教育等领域，面临着更严峻的教师短缺问题。2008 年的一项研究表明：乡村教师短缺的三个关键领域为双语、特殊教育、数学和科学。[①] 而到 2016 年 8 月，美国教育部所罗列出的全国教师短缺清单中，乡村教师的短缺仍然高度集中在这三个学科领域。[②] 2011—2012 年度，全美学校与师资调查（Schools and Staffing Survey）显示：全国有 7.6% 的乡村公立学校数学教师短缺，5.1% 的乡村学校生物科学教师短缺，6.9% 的乡村学校物理科学教师短缺，与此相对照，分别只有 2.8% 和 1.0% 的乡村学校缺英语、语言艺术和社会研究教师。这些学科教师的短缺，一方面是培养入口人数不多，但更重要的原因则在于，一些学科教师的薪酬在整个劳动力市场中缺乏竞争力。2014—2015 学年，加利福尼亚州立大学有 13% 的毕业生拿到了 STEM（与科学、技术、工程、数学相关的专业）学位。当时美国 STEM 相关职业的平均年薪约为 90000 美元，而 STEM 教师的平均年薪仅为 58000 美元。毕业生在做出职业选择时，学校因缺乏足够的吸引力而流向社会其他相关行业[③]，导致一些学科教师严重短缺。在爱达荷州，因为找不到符合条件的全职科学教师，三个农村学区不得不共享一名科学教师。[④]

---

①BARLEY Z A, BRIGHAM N. Preparing teachers to teach in rural schools [R/OL]. [2018 - 03 - 09]. https：//files. eric. ed. gov/fulltext/ED502145. pdf.

②U. S. Department of Education Office of Postsecondary Education. Teacher shortage areas nationwide listing 1990 - 1991 through 2016 - 2017 [R/OL]. [2018 - 03 - 09]. http：//www2. ed. gov/about/offices/list/ope/pol/tsa. doc.

③The Legislative Analyst's Office. The 2016 - 17 budget：proposition 98 education analysis [R/OL]. [2018 - 03 - 16]. http：//www. lao. ca. gov/Publications/Report/3355.

④HARRINGTON J R. Retaining science teachers in rural school districts：examining the unintended consequences of the No Child Left Behind Act [J]. Global Journal of Educational Studies, 2017, 3 (1)：43 - 52.

### (四) 入职前五年是教师流动的高峰期

美国调查发现，新任教师是教师流失的主要人群，新教师因缺乏支持或准备不足，极有可能在入职的前五年就选择离开教师岗位。新教师入职的前五年是教师流失的高峰期。[1] 更进一步的研究显示：14%的新教师在入职第一年离职，33%的新教师在入职前三年内离职，有接近50%的新教师在入职后的五年内离职（图12-2）。[2]

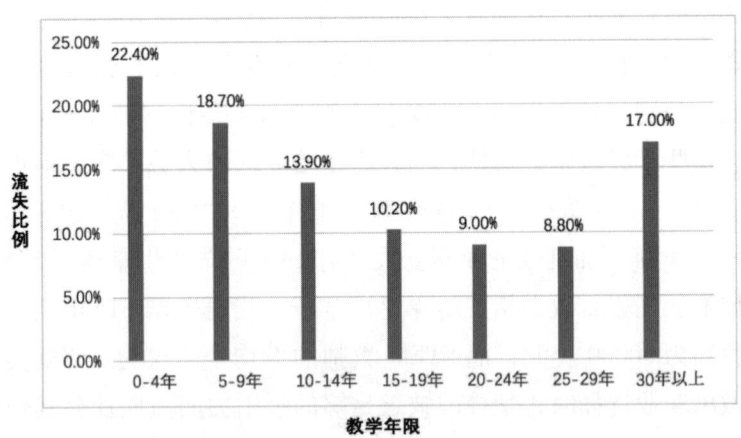

图12-2 不同教学年限教师的流失率（2014—2015）[3]

## 二、美国乡村教师改革的关键举措

有研究指出，如果美国教师流失率从目前的8%左右减少到3%～4%，美国则有望从根本上解决教师短缺危机。因此，近年来，美国从提升教师待遇、帮助教师成长、推行教师本土培养等多种渠道来吸引和留住乡村教师，以从根本上确保乡村教育的质量。

---

①JEREMY W. An exploration of teacher retention in rural school districts in eastern Kentucky [D]. Kentucky：University of Kentucky, 2016.

②INGERSOLL R. Is there really a teacher shortage [R/OL]. [2018 - 04 - 06]. https：//www. gse. upenn. edu/pdf/rmi/Shortage - RMI - 09 - 2003. pdf.

③BUNDA R, KELLY T J. S - 275 Personnel reporting handbook [EB/OL]. [2018 - 03 - 12]. http：//k12. wa. us/safs/INS/PER/1617/S - 275 - 2016 - 17. pdf.

### （一）提高教师薪酬竞争力

不少研究都表明，当教师薪酬比其他职业更有竞争力时，更容易吸引教师从教。① 教师起薪和工薪的不断增长是吸引和留住教师的重要因素。② 为提升乡村教师的职业吸引力，美国近年采取了多项经济举措。

1. 教师整体提薪

美国教师薪水的整体竞争力较低。就全美范围来看，初任教师收入比其他专业领域大学毕业生的收入少20%左右，而在职业生涯中期，教师的工资比其他专业领域的工资少30%。③ 乡村教师的薪酬竞争力就更低：2011—2012年，乡村初任教师的平均年薪为33200美元，郊区新任教师的平均年薪则为40500美元，同一年度，乡村校长的平均年薪为80200美元，而郊区校长则为101600美元。2007年的《乡村教师保留法案》也指出，乡村教师的工资比非乡村地区教师工资低14%④，有43个州的乡村教师平均工资低于城市和郊区。⑤ 因此，美国从联邦到州再到地方政府，通过采取多种经济刺激来整体提升乡村教师薪水。

2. 缩小区域差异

美国教育协会的数据显示，2013年初任教师平均年薪为36141美元，

①LOEB S, BETEILLE T. Teacher quality and teacher labor markets [EB/OL]. [2018 - 03 - 06]. https：//cepa. stanford. edu/content/teacher - quality - and - teacher - labor - markets.

②ADAMSON F, HAMMOND L D. Funding disparities and the inequitable distribution of teachers：evaluating sources and solutions [J]. Education Policy Analysis Archives, 2012, 20 (37)：1 - 46.

③BAKER B, SCIARRA D G, FARRIE D. Is school funding fair? A National Report Card, Sixth Edition [R/OL]. [2018 - 03 - 07]. http：//www. schoolfundingfairness. org/.

④JIMERSON L. The competitive disadvantage：teacher compensation in rural America [R]. Washington：Rural School and Community Trust, 2003：9.

⑤JOHNSON J, et al. Why rural matters 2013 - 2014：The condition of rural education in the 50 states [R/OL]. [2018 - 05 - 08]. http：//www. ruraledu. org/user_ uploads/file/ 2013 - 14 - Why - Rural - Matters. pdf. 2014 - 05 - 19.

哥伦比亚特区的起薪最高，年薪达51539美元，而蒙大拿州的起薪最低，仅为27274美元。即使在州内部，差异也较大。2013年，对纽约的一项研究发现，拥有学士学位和10年的教学经验教师的平均年薪从35479美元到89830美元不等。[①] 为此，一些州开始推行教师薪级表（salary schedules），目前有17个州使用教师薪级表，保证教师最低工资水平，缩小教师薪酬差异。有些州即便没有使用教师薪级表，但也必须提出区域范围的教师最低工资水平，如艾奥瓦州提出教师年薪不能低于33500美元，缅因州不低于30000美元，新墨西哥州不低于34000美元。[②] 加利福尼亚州则规定每个学区必须报告新教师的起始年薪和所有教师的平均工资，这一方面有利于缩小区域范围内的教师薪资差距，同时也迫使不同区域必须提高教师薪酬竞争力，以此来吸引和留住优秀教师。

3. 多种奖励计划

除了提高薪酬，各州通过多种形式为乡村教师提供经济支持与奖励计划。具体包括贷款免还、住房补贴、抵押贷款援助、学费代偿、奖学金和奖金等。密西西比州为短缺学科教师提供奖学金和特殊住房贷款。明尼苏达州为在短缺地区任教的教师提供每年1000美元、总额高达5000美元的贷款补贴，蒙大拿州为师资严重短缺的乡村学校的教师提供每年3000美元、最多4年的贷款预付款等。[③] 加利福尼亚州则实施了额外信贷教师购房计划（Extra-Credit Teacher Home Purchase Program），零利率贷款额度最高可达15000美元。芝加哥则从2005年开始就在公立学校推行"教师购

①COLVIN A, et al. New York state teacher salary report. ［R/OL］. ［2018 - 05 - 08］. https：//www. ilr. cornell. edu/sites/ilr. cornell. edu/files/ILR - nys - teacher - salary - report - 2. pdf.

②GRIFFITH M. State teacher salary schedules ［R/OL］. ［2018 - 05 - 28］. https：// www. ecs. org/state - teacher - salary - schedules/.

③LATTERMAN K, STIFFES S. Tackling teacher and principal shortages in rural areas ［EB/OL］. ［2018 - 03 - 19］. http：//www. ncsl. org/documents/legisbriefs/2017/lb _ 2540. pdf CA 2016 p67.

房者援助计划",到 2013 年,该计划为 524 名教师提供贷款购置住房。[1]
加利福尼亚州则为那些即将到乡村任教的大学生提供20000美元的奖学金
(签约 4 年,每年5000美金) 等。马萨诸塞州为新教师提供 20000 美金的
签约金,阿肯色州的新教师在签约的第 1 年可以获得8000美元签约金,之
后的三年每年获得奖金4000美元。[2]

### (二) 助推教师专业成长

由于初任教师的平均效率低于经验丰富的教师。[3] 因此,如何为初任
教师提供综合性的、多年的专业指导项目,不仅有利于促进新教师的专业
成长,降低了新教师流失率,同时为国家和学区的教育投资提供了更高回
报,并促进了学生的学习。[4] 美国将初任教师锁定为专业指导的关键人群,
不仅因为初任教师缺乏教学经验,急切需要专业帮扶,还因为近 20 年来
美国学校教师的年龄结构发生了明显的变化,新教师越来越成为学校教师
的主体。1987—1988 年,学校以拥有 15 年及以上教学经验的老教师为主,
而到2007—2008 年,学校则以新任教师为主。[5] 1987—1988 年,任教时间

---

[1]HORNSTEIN J. Teachers overcome tough housing market [EB/OL]. (2008) [2018 -
03 - 19]. https://www. metroplanning. org/news/3429/Teachers - overcome - tough -
housing - market.

[2]ADAMS J, MANUEL A. Grow your own teacher: enhancing educator pathways to address
teacher shortage and increase diversity [R/OL]. [2018 - 05 - 26]. https://www. pesb. wa.
gov.

[3]HANUSHEK E, et al. National bureau of economic research: the market for teacher
quality [EB/OL]. [2018 - 02 - 10]. http://www. nber. org/papers/w11154. pdf.

[4]INGERSOLL R, STRONG M. The impact of induction and mentoring programs for
beginning teachers: a critical review of the research [J]. Review of Educational Research,
2011, 81 (2): 201 - 233.

[5]GRAY L, TAIE S. Public school teacher attrition and mobility in the first five years:
results from the first through fifth waves of the 2007 - 08 beginning teacher longitudinal study
(NCES 2015 - 337) [EB/OL]. (2015) [2018 - 02 - 12]. http://nces. ed. gov/
pubsearch.

在一年内的新教师约为 84000 名，到 2007—2008 年度，则达到了 239000 名。而且越是贫困地区，新教师比例越高。在非贫困地区，新教师比例为 8.4%，而在最贫困的地区，新教师比例高达 11%。① 可见，新任教师既是流失率最高的群体，同时也是学校教师基数最大的一个群体。② 如何为新教师提供专业帮扶，成为各州留住教师的重要举措。美国早在 20 世纪 80 年代就开始启动了新教师入职培训和指导项目（Induction and Mentorship）。截至 2016 年 5 月，美国至少有 29 个州实施了新教师入职指导计划。大部分州对入职一年或两年的新教师提供专业支持，也有一些州提供入职前三年的专业支持，如特拉华州、夏威夷州、路易斯安那州等，而马里兰州、马萨诸塞州、密歇根州、北卡罗来纳州，俄亥俄州和犹他州的专业支持年限达四年。③ 在肯塔基州，规定新教师和他们的导师至少要一起工作 70 个小时，其中包括课堂内 20 小时和课外 50 小时。2008 年调查显示，全美有超过 90% 的新教师在他们入职的第一年参与了教学指导项目，而 1990 年只有 50% 左右的新教师参与。④ 2011—2012 年度的全国性抽样调查也显示，有 84% 左右的新入职一年的教师接受了教学指导项目。在阿拉斯加州，专门推行了"阿拉斯加州导师计划"（Alaska Statewide Mentor Project）。在该项目的直接影响下，2009—2015 年乡村学校教师的稳定率从 67% 提升到了 77%。⑤ 美国国家年度教师网和美国研究所 2014

①GAGNON D, MATTINGLY M J. Beginning teachers are more common in rural, high-poverty, and racially diverse schools ［EB/OL］. ［2018 - 03 - 10］. https：//scholars. unh. edu/cgi/viewcontent. cgi. article = 1172&context = carsey.

②INGERSOLL R, MERRILL L. Seven trends：the transformation of the teaching force ［EB/OL］. ［2018 - 03 - 10］. http：//repository. upenn. edu/gse_ pubs/241.

③GOLDRICK L. Support from the start：A 50 - state review of policies on new educator induction and mentoring ［EB/OL］. ［2018 - 03 - 16］. https：//newteachercenter. org/wp - content/uploads/2016CompleteReportStatePolicies. pdf.

④RONFELDT M, MCQUEEN K. Does new teacher induction really improve retention? ［J］. Journal of Teacher Education, 2017, 68（4）：394 - 410.

⑤ADAMS B L, WOODS A. A model for recruiting and retaining teachers in Alaska's rural K - 12 schools ［J］. Peabody Journal of Education. 2015, 90（2）：250 - 262.

年开展的联合调查也有类似发现，有55%的新教师把获得导师支持列为对他们教师专业成长影响最大的因素。① 那些参加过一年导师指导计划的新教师明显地比没有参加该计划的新教师更可能留任教师岗位。

### （三）提倡教师本土培养

美国通过对乡村教师流失原因的分析等多项研究，发现乡村教师之所以"下不去"和"留不住"和薪酬高低以及教师专业成长空间有着紧密的联系，同时，教师与乡村本土文化的融入程度也制约着教师的去留。教师不仅会因为远处偏僻乡村而产生地理性孤独，更有可能因为无法融入当地文化而产生社会性孤独。而那些在乡村长大、在本地长大的公民，当他们回到当地任教时，他们更容易融入当地文化，也更容易留在当地长久从教。而那些来自该社区之外的教师，因为与社区文化格格不入而陷入社会性孤独，这种社会性的孤独也成为很多教师无法继续留在乡村从教的重要原因。基于此，美国很多州都启动了教师本土培养计划：参与该项目的申请者将接受经济、教学、专业等多方面的支持与帮助，作为回报，他们毕业后将到比较艰苦的乡村学校至少从教5年以上。目前，伊利诺伊、科罗拉多、明尼苏达和华盛顿等几个州的教师本土培养计划推行较好。在伊利诺伊州，自2015年以来，共有150名的项目申请者毕业，其中有105名毕业生在低收入地区从教，有42%的教师在乡村地区教授双语、特殊教育、数学和科学等紧缺学科。到2019年，还将有152名毕业生去乡村从教。在科罗拉多州，申请了该项目的166名毕业生，他们将被分配到124个学区任教，其中有93个是农村学区。

### （四）改善教师工作环境

尽管薪酬、专业成长和学校所处地域等是影响人们是否从教和继续留

---

①SHERRATT E, et al. From good to great: exemplary teachers share perspectives on increasing teacher effectiveness across the career continuum [R/OL]. [2018 - 02 - 16]. https：//www. air. org/resource/good - great - exemplary - teachers - share - perspectives - increasing - teacher - effectiveness - across.

任的重要因素，但人们对学校环境这一因素缺乏足够的关注①，而教师对学校领导的认知越来越成为教师是否继续留在学校的重要原因。② 斯坦福大学教育政策分析家 Hammond 甚至认为：教师决定是否留在学校的首要原因是行政支持的质量。③ 校长领导的有效性与教师流失高度相关，而越是贫困的学校，这一相关程度会越大。④ 如果教师对学校的领导高度不认同，其流失的比例甚至高达25%，而那些认同学校领导的教师流失率要低一半左右。由于学校的工作环境，尤其是学校的行政领导水平，在很大程度上影响着教师能否留任，因此，很多州也相继启动了一些有关校长的培训项目。在北卡罗来纳州，为校长提供 2 年的相关课程和培训，每年资助20000美元的奖学金。该项目自 1993 年成立以来，培养了超过1200名校长；截至 2007 年，该州有超过 12% 的校长和助理参与了该项目的资助和培训。⑤

## 三、我国乡村教师改革的政策启示

在中国，有9000 多万名乡村儿童，决定他们未来的是330 万名乡村教师。如何造就一支数量充足、结构合理、素质优良、扎根乡村的教师队伍至关重要且迫在眉睫。近年来，我国采取了多项举措来切实解决乡村教师"下不去"和"留不住"的问题，尤其是 2015 年《乡村教师支持计划

---

①SIMON N S, JOHNSON S M. Teacher turnover in high – poverty schools：what we know and can do ［J］. Teachers College Record, 2015, 117 (3)：1 – 36.

②AMY L H, et al. Principal support is imperative to the retention of teachers in hard – to – staff schools ［J］. Journal of Education and Training Studies, 2015, 3 (1)：129 – 134.

③DEVITA M C, et al. Education leadership：a bridge to school reform ［R/OL］. ［2018 – 03 – 26］. http：//www. wallacefoundation. org/knowledge – center/pages/bridge – to – school – reform. aspx.

④TORRES A C. Is this work sustainable? teacher turnover and perceptions of workload in charter management organizations ［J］. Urban Education, 2014, 53 (8)：891 – 914.

⑤Hammond L D, et al. Preparing school leaders for a changing world：lessons from exemplary leadership development programs ［R/OL］. ［2018 – 03 – 06］. http：//seli. stanford. edu or http：//srnleads. org.

(2015—2020 年)》的颁布与实施，在拓展乡村教师补充渠道、提高乡村教师生活待遇、全面提升乡村教师能力素质等方面，提出了一些很好的举措，实践中也产生了成效。但与乡村学校对乡村教师的期待相比，与乡村振兴战略对乡村教师的需求相比，还需不断调整和深度推进。结合美国的乡村教师改革经验来看，有以下几个方面值得关注和重视。

### （一）乡村教师改革需要打"组合拳"，推"一揽子计划"

经济待遇的高低是教师行业在社会劳动力市场是否有竞争力的核心要素，这是众多研究和国家政策的基本共识，我国相关研究也显示，[①] 乡村教师群体最在意的因素是"工资水平"，比例高达74.2%。如果月起薪为4000元时，就有79.4%的在校师范生愿意去乡村任教。[②] 美国从联邦到州和地方政府、学区，都在不遗余力地采取多项经济举措来提高教师职业的吸引力。但越来越多的理论研究和实践探索也证实，薪酬是乡村教师是否"下得去"和"留得住"的主要影响因素，但却不是唯一因素。几年前，南卡罗来纳州试图为该州最薄弱的学校招收教师，该计划希望招募500名教师，尽管有18000美元的奖金，但第一年只招募到计划人数的20%，即使到第3年，也只招募到了40%。[③] 而与此相对应的是，在田纳西州汉密尔顿县，9所最差的学校却成功地招收了教师。他们在提供5000美元奖金的同时，在学校领导调整、教师专业成长、教师培训，以及教师学位提升等方面采取了多项综合性举措。[④] 近年来，我国也在采取多项举措来提升教师经济待遇，这对乡村教师的队伍稳定和素质提升至关重要，但与此同

---

① 李涛，邬志辉. 让乡村教师职业"香"起来［N］. 光明日报，2014 – 10 – 21（15）.

② 邬志辉. 若不提高乡村教师素质教育公平难实现［N］. 中国青年报，2015 – 06 – 15（10）.

③ BERRY B, et al. Recruiting and retaining quality teachers for high – needs schools：insights from NBCT summits and other policy initiatives［R/OL］. ［2018 – 05 – 16］. http：// www. nea. org/assets/docs/HE/mf_ nationalstrategyforumreport. pdf.

④ KIM J, FIELD T, HARGRAVE E. The achievement school district：lessons from Tennessee［R/OL］. ［2018 – 04 – 16］. http：//achievementschooldistrict. org/publications/.

时，还需要对其专业发展、职称晋升、学校领导、子女教育等方面给予更多关注并提供有效支持。

## （二）新教师是乡村教师流失的关键人群，其专业成长是关注的重点领域

美国的研究发现，新教师入职的前 5 年是流失的高峰期，他们应该成为政策关注的关键人群。而对于新教师而言，教学和专业上的无助，是他们在职业生涯早期遭遇的最大困境。学校和相关部门如果能提供针对性的专业帮扶，能够在很大程度上避免教师的流失。近年来，我国也制定了相应的政策，加强乡村教师队伍建设，但现有教育政策仅仅满足于对学校进行简单的城乡划分，乡村教师作为一个群体被整体性关注。但即使都是乡村教师，不同层次、不同地域、不同教学经验、不同学科、不同年龄的乡村教师所面临的专业困惑和所需要的专业支持都是不尽相同的。乡村教师内部的差异化特征和多元化需求没有得到更多的重视和更有针对性的帮持。因此，如何真正立足乡村学校的实际，符合乡村教师的专业发展需求，推进有针对性的乡村教师专业发展项目，这应该是乡村教师改革与发展的突围重点。

## （三）定向培养本土教师，是补充乡村教师的长远之计

从美国的经验来看，本土教师的培养应该是补充乡村教师的重要来源和渠道。如果说增加教师的工资和提升教师的经济待遇，更多的是一种立竿见影的教师补给政策，那么从长远来看，加大教师的本土培养，是保持乡村教师队伍稳定的长远之计。本土教师因文化背景、血缘关系、生活习惯等皆根植于当地，其地域认同和身份认同与外地选择"过渡岗位"的教师有很大不同，他们更容易扎根家乡。当前我国一些省份和师范院校在乡村教师定向培养等方面已经有了很好的探索，但这种补充渠道仍然十分有限，如何进一步拓宽本土培养渠道，需要更多的研究支撑和政策的顶层设计。

# 附　录

附录一：

# 关于公布全国连片特困地区分县名单的说明

## （节　选）

　　根据《中国农村扶贫开发纲要（2011—2020年）》精神，按照"集中连片、突出重点、全国统筹、区划完整"的原则，以2007—2009年3年的人均县域国内生产总值、人均县域财政一般预算收入、县域农民人均纯收入等与贫困程度高度相关的指标为基本依据，考虑对革命老区、民族地区、边疆地区加大扶持力度的要求，国家在全国共划分了11个集中连片特殊困难地区，加上已明确实施特殊扶持政策的西藏、四省藏区、新疆南疆三地州，共14个片区，680个县，作为新阶段扶贫攻坚的主战场。现将14个片区的分县名单予以公布（附表1-1）。

国务院扶贫办

二〇一二年六月十四日

附表 1-1　六盘山区等 11 个集中连片特殊困难地区分县名单

| 分区 | 省名 | 地市名 | 县　　名 |
|---|---|---|---|
| 六盘山区<br>（61） | 陕西<br>（7） | 宝鸡市 | 扶风县、陇县、千阳县、麟游县 |
| | | 咸阳市 | 永寿县、长武县、淳化县 |
| | 甘肃<br>（40） | 兰州市 | 永登县、皋兰县、榆中县 |
| | | 白银市 | 靖远县、会宁县、景泰县 |
| | | 天水市 | 清水县、秦安县、甘谷县、武山县、张家川回族自治县、麦积区 |
| | | 武威市 | 古浪县 |
| | | 平凉市 | 崆峒区、泾川县、灵台县、庄浪县、静宁县 |
| | | 庆阳市 | 庆城县、环县、华池县、合水县、正宁县、宁县、镇原县 |
| | | 定西市 | 安定区、通渭县、陇西县、渭源县、临洮县、漳县、岷县 |
| | | 临夏回族<br>自治州 | 临夏市、临夏县、康乐县、永靖县、广河县、和政县、东乡族自治县、积石山自治县 |
| | 青海<br>（7） | 西宁市 | 湟中县、湟源县 |
| | | 海东地区 | 民和回族土族自治县、乐都县、互助土族自治县、化隆回族自治县、循化撒拉族自治县 |
| | 宁夏<br>（7） | 吴忠市 | 同心县 |
| | | 固原市 | 原州区、西吉县、隆德县、泾源县、彭阳县 |
| | | 中卫市 | 海原县 |
| 秦巴山区<br>（75） | 河南<br>（10） | 洛阳市 | 嵩县、汝阳县、洛宁县、栾川县 |
| | | 平顶山市 | 鲁山县 |
| | | 三门峡市 | 卢氏县 |
| | | 南阳市 | 南召县、内乡县、镇平县、淅川县 |
| | 湖北<br>（7） | 十堰市 | 郧县、郧西县、竹山县、竹溪县、房县、丹江口市 |
| | | 襄樊市 | 保康县 |
| | 重庆<br>（5） | 重庆市 | 城口县、云阳县、奉节县、巫山县、巫溪县 |
| | 四川<br>（15） | 绵阳市 | 北川羌族自治县、平武县 |
| | | 广元市 | 元坝区、朝天区、旺苍县、青川县、剑阁县、苍溪县 |
| | | 南充市 | 仪陇县 |
| | | 达州市 | 宣汉县、万源市 |
| | | 巴中市 | 巴州区、通江县、南江县、平昌县 |
| | 陕西<br>（29） | 西安市 | 周至县 |
| | | 宝鸡市 | 太白县 |
| | | 汉中市 | 南郑县、城固县、洋县、西乡县、勉县、宁强县、略阳县、镇巴县、留坝县、佛坪县 |

| 分区 | 省名 | 地市名 | 县　名 |
|---|---|---|---|
| 武陵山区（64） | | 安康市 | 汉滨区、汉阴县、石泉县、宁陕县、紫阳县、岚皋县、平利县、镇坪县、旬阳县、白河县 |
| | | 商洛市 | 商州区、洛南县、丹凤县、商南县、山阳县、镇安县、柞水县 |
| | 甘肃（9） | 陇南市 | 武都区、成县、文县、宕昌县、康县、西和县、礼县、徽县、两当县 |
| | 湖北（11） | 宜昌市 | 秭归县、长阳土家族自治县、五峰土家族自治县 |
| | | 恩施土家族苗族自治州 | 恩施市、利川市、建始县、巴东县、宣恩县、咸丰县、来凤县、鹤峰县 |
| | 湖南（31） | 邵阳市 | 新邵县、邵阳县、隆回县、洞口县、绥宁县、新宁县、城步苗族自治县、武冈市 |
| | | 常德市 | 石门县 |
| | | 张家界市 | 慈利县、桑植县 |
| | | 益阳市 | 安化县 |
| | | 怀化市 | 中方县、沅陵县、辰溪县、溆浦县、会同县、麻阳苗族自治县、新晃侗族自治县、芷江侗族自治县、靖州苗族侗族自治县、通道侗族自治县 |
| | | 娄底市 | 新化县、涟源市 |
| | | 湘西土家族苗族自治州 | 泸溪县、凤凰县、保靖县、古丈县、永顺县、龙山县、花垣县 |
| | 重庆（7） | 重庆市 | 丰都县、石柱土家族自治县、秀山土家族苗族自治县、酉阳土家族苗族自治县、彭水苗族土家族自治县、黔江区、武隆县 |
| | 贵州（15） | 遵义市 | 正安县、道真仡佬族苗族自治县、务川仡佬族苗族自治县、凤冈县、湄潭县 |
| | | 铜仁地区 | 铜仁市、江口县、玉屏侗族自治县、石阡县、思南县、印江土家族苗族自治县、德江县、沿河土家族自治县、松桃苗族自治县、万山特区 |
| 乌蒙山区（38） | 四川（13） | 泸州市 | 叙永县、古蔺县 |
| | | 乐山市 | 沐川县、马边彝族自治县 |
| | | 宜宾市 | 屏山县 |
| | | 凉山彝族自治州 | 普格县、布拖县、金阳县、昭觉县、喜德县、越西县、美姑县、雷波县 |
| | 贵州（10） | 遵义市 | 桐梓县、习水县、赤水市 |
| | | 毕节地区 | 毕节市、大方县、黔西县、织金县、纳雍县、威宁彝族回族苗族自治县、赫章县 |

续表

| 分区 | 省名 | 地市名 | 县 名 |
|---|---|---|---|
| | 云南（15） | 昆明市 | 禄劝彝族苗族自治县、寻甸回族彝族自治县 |
| | | 曲靖市 | 会泽县、宣威市 |
| | | 昭通市 | 昭阳区、鲁甸县、巧家县、盐津县、大关县、永善县、绥江县、镇雄县、彝良县、威信县 |
| | | 楚雄彝族自治州 | 武定县 |
| 滇桂黔石漠化区（80） | 广西（29） | 柳州市 | 融安县、融水苗族自治县、三江侗族自治县 |
| | | 桂林市 | 龙胜各族自治县、资源县 |
| | | 南宁市 | 隆安县、马山县、上林县 |
| | | 百色市 | 田阳县、德保县、靖西县、那坡县、凌云县、乐业县、田林县、西林县、隆林各族自治县 |
| | | 河池市 | 凤山县、东兰县、罗城仫佬族自治县、环江毛南族自治县、巴马瑶族自治县、都安瑶族自治县、大化瑶族自治县 |
| | | 来宾市 | 忻城县 |
| | | 崇左市 | 宁明县、龙州县、大新县、天等县 |
| | 贵州（40） | 六盘水市 | 六枝特区、水城县 |
| | | 安顺市 | 西秀区、平坝县、普定县、镇宁布依族苗族自治县、关岭布依族苗族自治县、紫云苗族布依族自治县 |
| | | 黔西南布依族苗族自治州 | 兴仁县、普安县、晴隆县、贞丰县、望谟县、册亨县、安龙县 |
| | | 黔东南苗族侗族自治州 | 黄平县、施秉县、三穗县、镇远县、岑巩县、天柱县、锦屏县、剑河县、台江县、黎平县、榕江县、从江县、雷山县、麻江县、丹寨县 |
| | | 黔南布依族苗族自治州 | 荔波县、贵定县、独山县、平塘县、罗甸县、长顺县、龙里县、惠水县、三都水族自治县、瓮安县 |
| | 云南（11） | 曲靖市 | 师宗县、罗平县 |
| | | 红河哈尼族彝族自治州 | 屏边苗族自治县、泸西县 |
| | | 文山壮族苗族自治州 | 砚山县、西畴县、麻栗坡县、马关县、丘北县、广南县、富宁县 |
| 滇西边境山区（56） | 云南（56） | 保山市 | 隆阳区、施甸县、龙陵县、昌宁县 |
| | | 丽江市 | 玉龙纳西族自治县、永胜县、宁蒗彝族自治县 |
| | | 普洱市 | 宁洱哈尼族彝族自治县、墨江哈尼族自治县、景东彝族自治县、景谷傣族彝族自治县、镇沅彝族哈尼族拉祜族自治县、江城哈尼族彝族自治县、孟连傣族拉祜族佤族自治县、澜沧拉祜族自治县、西盟佤族自治县 |

| 分区 | 省名 | 地市名 | 县　　名 |
|---|---|---|---|
| | | 临沧市 | 临翔区、凤庆县、云县、永德县、镇康县、双江拉祜族佤族布朗族傣族自治县、耿马傣族佤族自治县、沧源佤族自治县 |
| | | 楚雄彝族自治州 | 双柏县、牟定县、南华县、姚安县、大姚县、永仁县 |
| | | 红河哈尼族彝族自治州 | 石屏县、元阳县、红河县、金平苗族瑶族傣族自治县、绿春县 |
| | | 西双版纳傣族自治州 | 勐海县、勐腊县 |
| | | 大理白族自治州 | 漾濞彝族自治县、祥云县、宾川县、弥渡县、南涧彝族自治县、巍山彝族回族自治县、永平县、云龙县、洱源县、剑川县、鹤庆县 |
| | | 德宏傣族景颇族自治州 | 潞西市、梁河县、盈江县、陇川县 |
| | | 怒江傈僳族自治州 | 泸水县、福贡县、贡山独龙族怒族自治县、兰坪白族普米族自治县 |
| 大兴安岭南麓山区（19） | 内蒙古（5） | 兴安盟 | 阿尔山市、科尔沁右翼前旗、科尔沁右翼中旗、扎赉特旗、突泉县 |
| | 吉林（3） | 白城市 | 镇赉县、通榆县、大安市 |
| | 黑龙江（11） | 齐齐哈尔市 | 龙江县、泰来县、甘南县、富裕县、林甸县、克东县、拜泉县 |
| | | 绥化市 | 明水县、青冈县、望奎县、兰西县 |
| 燕山－太行山区（33） | 河北（22） | 保定市 | 涞水县、阜平县、唐县、涞源县、望都县、易县、曲阳县、顺平县 |
| | | 张家口市 | 宣化县、张北县、康保县、沽源县、尚义县、蔚县、阳原县、怀安县、万全县 |
| | | 承德市 | 承德县、平泉县、隆化县、丰宁满族自治县、围场满族蒙古族自治县 |
| | 山西（8） | 大同市 | 阳高县、天镇县、广灵县、灵丘县、浑源县、大同县 |
| | | 忻州市 | 五台县、繁峙县 |
| | 内蒙古（3） | 乌兰察布市 | 化德县、商都县、兴和县 |
| 吕梁山区（20） | 山西（13） | 忻州市 | 静乐县、神池县、五寨县、岢岚县 |
| | | 临汾市 | 吉县、大宁县、隰县、永和县、汾西县 |
| | | 吕梁市 | 兴县、临县、石楼县、岚县 |

| 分区 | 省名 | 地市名 | 县　　名 |
|---|---|---|---|
| | 陕西<br>(7) | 榆林市 | 横山县、绥德县、米脂县、佳县、吴堡县、清涧县、子洲县 |
| 大别山区<br>(36) | 安徽<br>(12) | 安庆市 | 潜山县、太湖县、宿松县、望江县、岳西县 |
| | | 阜阳市 | 临泉县、阜南县、颍上县 |
| | | 六安市 | 寿县、霍邱县、金寨县 |
| | | 亳州市 | 利辛县 |
| | 河南<br>(16) | 信阳市 | 光山县、新县、固始县、淮滨县、商城县、潢川县 |
| | | 驻马店市 | 新蔡县 |
| | | 开封市 | 兰考县 |
| | | 商丘市 | 民权县、宁陵县、柘城县 |
| | | 周口市 | 商水县、沈丘县、郸城县、淮阳县、太康县 |
| | 湖北<br>(8) | 孝感市 | 孝昌县、大悟县 |
| | | 黄冈市 | 团风县、红安县、罗田县、英山县、蕲春县、麻城市 |
| 罗霄山区<br>(23) | 江西<br>(17) | 萍乡市 | 莲花县 |
| | | 赣州市 | 赣县、上犹县、安远县、宁都县、于都县、兴国县、会昌县、寻乌县、石城县、瑞金市、南康市 |
| | | 吉安市 | 遂川县、万安县、永新县、井冈山市 |
| | | 抚州市 | 乐安县 |
| | 湖南<br>(6) | 株洲市 | 茶陵县、炎陵县 |
| | | 郴州市 | 宜章县、汝城县、桂东县、安仁县 |

附录二：

# 陕西省小学学科带头人"四位一体"培养模式研究报告

2013 年 8 月，陕西省教育厅、陕西省人力资源和社会保障厅联合印发了《关于加强中小学教师队伍骨干体系建设的意见》，该文件明确提出到 2020 年，初步构建起涵盖省、市、县三级，包括教学名师、学科带头人、教学能手三类骨干在内的分级分类基础教育骨干教师体系。形成一支师德高尚、业务精良、结构合理、充满活力的骨干教师队伍和优秀教师群体，造就一批教学名师和学科领军人才，并充分发挥其示范引领和辐射作用，为全省基础教育改革和发展提供优质师资保障。

陕西学前师范学院教师培训部、教育科学研究部联合承担了陕西省首届小学学科带头人培养的组织与实施工作，探索出"四位一体"即"理论提升、导师引领、实践反思、任务驱动"的培养模式。

## 一、问题的提出

陕西省小学学科带头人是指"在我省（陕西省）长期从事小学教学工作，具有良好的思想政治素质、优秀的职业道德素养、先进的教育教学理念、较强的教育教学能力、较高的教育科研水平，教学教研成效显著、并在全省本学科领域能起到带头、示范、引领作用的优秀小学骨干教师"。

小学学科带头人在当地一般都已小有名气，相当一部分已是中层领导，有的已经是校长。如何有效地实现自我发展是一个比较棘手的问题。正如安康市培新小学李玉翠老师所说：

已过不惑之年的我，算得上是当地小有名气的省级教学能手，晋升了高级职称，本以为从此可以躲进舒适的象牙塔里一劳永逸，高枕无忧。

如何正确分析小学学科带头人的专业发展规律，制订完善、详尽的培养方案，安排适当的任务驱动，圆满完成省教育厅布置的培养任务，成为培养单位——陕西学前师范学院必须面对和解决的问题。

## 二、解决问题的过程与方法

为保证整个培养过程的科学性和有效性，陕西学前师范学院专门成立了项目工作组，由时任教育科学研究部副主任的牛文明博士负责小学学科带头人培养工作。

### （一）研制培养方案

项目组先后查阅了国内率先开展名师、学科带头人培养工作的江苏省、上海市、福建省、北京市等地的培养方案，并走访、电话调研了上海市浦东新区教育发展研究院、江苏省教师培训中心、北京教育学院、福建教育学院等单位的多位专家、学者。

同时，项目组查阅了大量的国内外教育文献，尤其是美国贝蒂·E·丝黛菲主编的《教师的职业生涯周期》（人民教育出版社 2012 年版），为培养方案的制订提供了有益的启示。该书提出了教师职业生涯周期模型，将教师的职业生涯分为实习教师、学徒教师、专业型教师、专家型教师、杰出教师、荣誉退休教师等六个阶段，与学科带头人最接近的阶段应为专家型教师。该书认为，专家型教师具有如下特征：1. 教师奉献于学生及其学习；2. 教师了解他们所教授的科目，并知道如何向学生教授那些科目；3. 教师系统地思考他们的实践并从经验中学习；4. 教师是学习共同体的成员。专家型教师的特征在于其不断谋求专业成长，他们努力寻找更好的教学和学习方法并享受他们自己的学习，专家型教师将反思视为一种回顾行为与寻找问题以决定实现目标的更有效方法的持续过程。

综合国内外的各项理论研究和实践探索，陕西学前师范学院确定了"理论提升、导师引领、实践反思、任务驱动"为主要内容的"四位一体"陕西省小学学科带头人培养对象培养方案（具体内容见附录三）。

## （二）省内集中研修

2014 年 6 月，小学学科带头人第一次集中研修在陕西学前师范学院举行，本次研修重点在于明确小学学科带头人的职责与任务，掌握课题研究与网络工作坊的基本要求。研修专家团队经过精心遴选。北京师范大学教授吴国珍、上海浦东教育发展研究院特级教师章健文、江苏省教师培训中心主任严华银等专家的报告受到学员的一致认可。

学科带头人在本次研修过程中交流了各自的课题研究方向，研修班为他们配备了高水平的指导教师。全国中小学继续教育网开辟了"陕西省中小学学科带头人网络工作坊"，为学科带头人开展网络研修提供了便利的网络条件。

本次研修具体课表（以小学文科为例）如下（附表 2 - 1）：

附表 2 - 1　陕西小学学科带头人研修课程表

| 日期 | 课程名称及授课教师 | |
| --- | --- | --- |
| | 上午 | 下午 |
| 6 月 4 日 | 陕西骨干教师"三级体系"的构建策略（陕西学前师范学院,王越群） | 《小学教师专业标准》与教师专业发展（陕西学前师范学院,牛文明） |
| 6 月 5 日 | 教师叙事研究和心灵成长（北京师范大学,吴国珍） | 教育叙事分享（北京师范大学,吴国珍） |
| 6 月 6 日 | 学科带头人工作规划设计指导（江苏省教师培训中心,严华银） | 自主研修 |
| 6 月 7 日 | 教研论文的选题要领与写作技巧（人民教育出版社,李云龙） | 小学语文教学热点问题研究（中国人民大学,罗先慧）<br>《英语课程标准（2011 年版）》研读（西安市雁塔区教研室,袁晖）<br>小学音乐教师专业技能拓展（陕西学前师范学院,杨晓棠、胡倬） |
| 6 月 8 日 | 有效教学与有效教师的基本特征（陕西师范大学,张立昌） | 学科带头人如何做课题研究（陕西省教育规划办,雷守学） |
| 6 月 9 日 | 交流研讨:个人课题研究方向的确立<br>交流研讨:小学英语教师科研能力与专业发展(陕西学前师范学院,郭卫平)<br>交流研讨:个人课题研究方向的确立（陕西学前师范学院,刘永昌） | 教师研修的领导策略（西安交大附小,雷玲） |

| 日期 | 课程名称及授课教师 | |
|---|---|---|
| | 上午 | 下午 |
| 6月10日 | 小学学科带头人教学反思研究<br>（西安市教研室，马俊华） | 教师网络工作坊的理论与实践<br>（上海市浦东教育发展研究院，章健文） |
| 6月11日 | 名校观摩研讨（西安市后宰门小学） | 自主研修 |
| 6月12日 | "聚焦课堂"学员研修活动<br>（西安市东前进小学） | 语文学科带头人的能力提升策略研究<br>（陕西省教科所，李琦）<br>小学英语课堂活动设计与组织<br>（陕西学前师范学院，温宏社）<br>小学合唱队和舞蹈队训练<br>（陕西学前师范学院，杨海军、葛晓妮） |
| 6月13日 | 有效评课与教研活动的组织<br>（西安市未央区教研室，于红梅） | 网络工作坊的建设<br>（全国中小学教师继续教育网，刘甜） |
| 6月14日 | 名师成长路径与教学风格的形成<br>（杭州市现代实验小学，张祖庆） | 结业典礼 |

## （三）开展省外研修

为进一步拓展学科带头人的视野，学习上海市小学教育的先进经验，2014年10月在上海市铭师培训中心的大力配合下，陕西省小学学科带头人培养对象赴上海进行为期10天的浸入式研修，全体学科带头人在上海市普陀区浔阳路小学、嘉定区普通小学、七宝明强小学采取跟岗研修的形式开展活动。上海市小学语文教研员薛峰等专家参与本次研修活动。具体安排（以上海市普陀区浔阳路小学为例）如下（附表2-2）：

**附表2-2　小学学科带头人上海研修活动安排表**

| 日期 | 具体时间 | 内　容 | 主　讲 |
|---|---|---|---|
| 10月26日 | 上午 | 专题讲座：《基于新知识分类的课堂教学改革》 | 吴金瑜<br>上海交通大学附属第二中学校长 |
| | 下午 | 专题讲座：《成才、成名、成家：教师的成长之路》 | 程华<br>上海市卢湾区第一中心小学前校长，上海市特级校长 |

| 日期 | 具体时间 | 内　容 | 主　讲 |
|---|---|---|---|
| 10月27日 | 上午 | 学员到学校报到,参观校园,介绍一周培训活动安排 | |
| | | 语文观摩课:小学低年级一(1)班语文《识字3》 | 邬海君<br>普陀区浔阳路小学教师 |
| | | 体育观摩课 | 沈帅君<br>普陀区浔阳路小学教师 |
| | | 录像课观摩:《数学:两位数加法复习课》 | |
| | | 名师点评,对话名师 | 张爱华<br>普陀区浔阳路小学教师 |
| | 下午 | 主题报告:构建人文化师生互动共生精神家园 | 朱乃榴<br>普陀区浔阳路小学校长 |
| 10月28日 | 上午 | 语文观摩课:小学低年级二(5)班语文 | 王馨韵<br>普陀区浔阳路小学教师 |
| | | 数学观摩课:小学低年级二(2)班数学 | 姜晓俐<br>普陀区浔阳路小学教师 |
| | | 录像课观摩:上海市口琴教学竞赛 | |
| | 下午 | 数学学科评课研讨 | |
| | | 主题报告:《数运算教学》 | 梁晓武<br>普陀区浔阳路小学教师 |
| 10月29日 | 上午 | 语文观摩课:小学低年级三(3)班语文 | 成玲<br>普陀区浔阳路小学教师 |
| | | 录像课观摩:《数学:乘法分配律》 | |
| | | 美术观摩课 | 窦晓恬<br>普陀区浔阳路小学教师 |
| | | 名师点评,对话名师 | 张爱华<br>普陀区浔阳路小学教师 |
| | 下午 | 主题报告:《评价,从学生的成长需要出发》 | 朱乃榴<br>普陀区浔阳路小学校长 |

| 日期 | 具体时间 | 内　容 | 主　讲 |
|---|---|---|---|
| 10月30日 | 上午 | 语文观摩课:四(4)班语文 | 李琳<br>普陀区浔阳路小学教师 |
| | | 数学观摩课:五(4)班数学 | 胡嘉倩<br>普陀区浔阳路小学教师 |
| | | 录像课观摩:佳作赏析课 | |
| | 下午 | 语文学科评课研讨 | |
| | | 主题报告:《作文教学的整体设计与过程逻辑》 | 郑煜<br>普陀区浔阳路小学教师 |
| 10月31日 | 上午 | 主题教育观摩课 | |
| | | 学生工作介绍 | |
| | | 观摩校少先队代表大会 | |
| | 下午 | 快乐活动日介绍、观摩 | |

## （四）实施课题研究

在教师专业发展过程中，"教师成为研究者"已不仅仅是一个口号，对于学科带头人而言，从事教学研究是一种必然。课题研究是小学学科带头人培养过程中的重要任务。

虽然学科带头人大都有从事课题研究的经历，但独立主持课题研究并不是一件轻而易举的事情。2014年6月，在省内集中研修阶段，我们邀请陕西省教科所理论室雷守学主任为学员详细讲解了"课题研究的基本思路与方法"，陕西学前师范学院张雄、赵卫华、郭卫平等专家与学员认真交流确定研究课题。2014年10月，学科带头人在上海学习期间，牛文明博士带领部分学科带头人赴上海市第六师范附属小学参加浦东教育发展研究院特级教师章健文的课题开题会，让学科带头人真实感受课题研究，真实体验其艰辛与不易。2014年12月，学科带头人在导师指导下认真填写申报书，许多学科带头人都是数易其稿。2015年1月，陕西学前师范学院组织专家对课题申报书进行了匿名评审，陕西省教育科学规划办抽查了部分课题申报书，确定了学科带头人专项课题研究题目，部分课题名称见附表2-3。

附表 2－3　小学学科带头人申报课题列表（部分）

| 课题名称 | 学术主持人 | 行政主持人 |
|---|---|---|
| 小学中高年级"以写促读"式阅读教学的实验研究 | 仲维健 | 王　耘 |
| 通过动手操作促进思维活动的有效策略研究 | 任院玲 | 曹　静 |
| 小学数学学生自主复习教学策略的研究 | 袁　直 | 和巧云 |
| 小学数学课堂教学中培养学生问题意识的实践研究 | 郝振华 | 唐晓芳 |
| 幼儿园绘本教学实践研究 | 刘江艳 | 李玉莲 |
| 小学语文思路图示学习法实施策略研究 | 刘武宏 | 郭冬梅 |
| 提高小学高年级学生笔算正确率的策略研究 | 张　亮 | 吕　静 |
| 小学高年级批注式有效阅读策略研究 | 王爱平 | 杨军哲 |
| 提高小学数学课堂教学反馈实效性的研究 | 代亚琼 | 代鹏宇 |
| 阅读教学中随文练笔与学生写作能力的关系研究 | 刘　欣 | 蒋　红 |
| 小学数学作业布置的适量性、有效性研究 | 曹亚妮 | 杨泓瑞 |
| 小学语文中段学生错别字成因分析及对策研究 | 贺莉韵 | 高　龙 |
| 小学低段"儿童诗"教学方法研究 | 孙斌斌 | 党攀峰 |
| 创设活动情境激发中年级学生习作兴趣的研究 | 孙郡霞 | 师发红 |
| 小学课堂教学教师评价语言有效性的研究 | 庄孝成 | 李　平 |
| 小学数学课堂教学中学生错误资源的有效利用研究 | 曹爱兰 | 李雪莲 |
| 小学语文教科书课后习题有效运用的研究 | 田小涛 | 高建雄 |
| 小学音乐教学中陕北民歌资源的开发研究 | 薛　雯 | 任延军 |
| 小学数学低段直观教学策略研究 | 黄慧君 | 翟晓新 |
| 小学数学"错误资源"有效利用的研究 | 叶毕玉 | 刘洪德 |
| 小学音乐欣赏课的体验教学有效策略研究 | 杨　瑞 | 陈　珺 |
| 小学数学课堂教学中教师引导性问题的设计研究 | 张　霞 | 赵有华 |
| 新媒体下小学数学开放式课堂教学策略的研究 | 许　英 | 彭文柱 |
| 小学阅读教学学生有效提问的研究 | 廖轶华 | 颉　缨 |
| 小学生课外阅读有效指导策略研究 | 李玉翠 | 程怀泉 |
| 小学语文名篇"延伸式"课堂阅读教学策略研究 | 李晓波 | 陈　芳 |
| 小学英语对话教学小组合作学习有效性研究 | 汤　静 | 吴积军 |
| 小学语文低段阅读活动模块有效策略研究 | 陈　雪 | 吴积军 |
| 小学低年级网络环境下作文早起步 | 龚健辉 | 刘英明 |
| 小学中低年级学生倾听能力培养及评价研究 | 张志艳 | 贺陇萍 |

### （五）搭建网络工作坊

为充分发挥小学学科带头人的辐射引领作用，解决工学矛盾，陕西学前师范学院与全国中小学继续教育网（www. teacher. com. cn）沟通协调，于 2014 年 6 月开通了"陕西省小学学科带头人网络工作坊"，为学科带头人提供了便捷的沟通交流平台，该平台设置了政策文件、研修活动、精品资源、项目简报等内容。为保证指导工作有效开展，每位学科带头人工作坊的成员不能超过 15 个。坊主（学科带头人）通过发起研修活动、组织相关讨论、安排学习课程、上传资源等形式与工作坊成员开展研修活动。项目组通过登录次数、研修日志、调查报告、校本研修、我的教学故事、案例分析、反思笔记、工作坊主持、上传资源、发帖、回帖、课程学习实践、课程笔记、发起活动等多个维度对学科带头人网络工作坊的开展情况进行考核。

## 三、成果的主要内容

"理论提升、导师引领、实践反思、任务驱动"四位一体培养模式着眼于陕西省小学学科带头人发展的实际情况，借鉴国内外，尤其是江苏、上海等地先进经验，在培养实践过程中取得了显著的效果，其内容主要包括以下四个方面：

### （一）理论提升

学科带头人大都具有丰富的实践经验，但由于长期的教学一线工作，许多人已经形成教学定势，忽视了教学理论的研究，忽略教学个体的差异。因而理论提升成为学科带头人培养的重中之重，理论对实践的指导，理论与实践之间的对话成为一种必需。

但是，选择什么样的理论，什么样的专家考量着项目组的智慧。经过大量的前期调研和理论梳理，项目组最终确定将学科教学知识前沿、教育科研、教育责任与担当、教学风格、教师研修组织、名师成长路径等作为理论提升的主要内容，在专家团队的遴选上坚持本土与域外、高校专家与一线教师相结合的原则，先后邀请北京师范大学朱旭东教授、吴国珍教授，江苏无锡南湖小学武凤霞校长等专家做专题报告，这些专题内容受到了学员的高度认可。正如铜川市大同路小学付亚慧老师所言：

> 教授、专家的讲座，站在理论的前沿，站在学术研究的高度，给予了我很多的启发和思考。使我的心灵又一次受到了熏陶，深感自己专业知识的匮乏。培训不仅是对我专业知识的培训，更是对我思想的引领和升华，使我沉睡的思想又活跃起来了，第一次在高校内静下心来思考我之前所持有的教育认识。

> 那是我教育生涯中一个重要的思想沉淀期，与多位专家面对面交流，化解了多种教育困惑。我倍感压力之大，便暗暗下定决心，一定要坚持努力前行。

"理论提升模块"更新了学科带头人的知识结构，拓展了专业视野，保证了专业发展的方向性。

### （二）导师引领

专家引领是指"专家为教师开展教学研究提供必要的帮助和指导。这里所说的专家，既包括大学或研究机构的专业研究人员、各级教研室的教研员，也包括中小学教师中的骨干教师"。上海市教育科学研究院顾泠沅研究员曾经就专业引领方式的有效性做过调查，"在课程教学改革中，怎样的专业指导对教师的帮助最大？"选择较多的是专家与经验丰富的教师引领与指导。对于学科带头人而言，我们将专家引领直接明确为"导师引领"。

为了保证学科带头人培养的高质量，基于上述研究成果，我们在学科带头人培养之初，就明确实施导师制。项目组精心遴选了一批高水平专、兼职的指导教师（附表2-4），为每位学员配备，指导教师负责一年培养期内的专业引领。遇到特殊问题时，采取导师组共同"会诊"制度，共同商讨研究解决问题的方案。为期一年的培养期内，导师组共召开工作研讨会3次，大家统一了思想，凝聚了智慧，分享了经验。

附表 2-4　小学指导教师名单（文科）

| 姓名 | 职称 | 工作单位 |
|------|------|----------|
| 郭卫平 | 副教授 | 陕西学前师范学院 |
| 贺卫东 | 副教授 | 陕西师范大学 |
| 李琦 | 中小学高级 | 陕西省教科所 |
| 刘婷 | 中小学高级 | 西安市新城区教师进修学校 |
| 刘永昌 | 副教授 | 陕西学前师范学院 |
| 卢焱 | 中小学高级/特级 | 雁塔区翠华路小学 |
| 牛文明 | 副教授 | 陕西学前师范学院 |
| 温宏社 | 副教授 | 陕西学前师范学院 |
| 杨巧娥 | 中小学高级/特级 | 西安市长安区教研室 |
| 于红梅 | 中小学高级 | 西安市未央区教师进修学校 |
| 岳军荣 | 中小学高级/特级 | 西安市雁塔区航天小学 |
| 张华 | 中小学高级 | 西安市雁塔区教师进修学校 |
| 赵卫华 | 副教授 | 陕西学前师范学院 |
| 赵燕 | 讲师 | 陕西学前师范学院 |

在培养期内，指导教师精心指导每一个学员，在课题研究（论文写作）指导、课堂教学能力提升、展示平台搭建、工作坊活动开展等方面为学员倾注了大量的心血，宝鸡扶风小学王爱平老师表示：

> 课题的研究是一个艰苦的过程，其间，我的导师刘婷老师总是在需要的时候出现，利用网络及时指导。课题方案的确定、课题研究的方法措施、课题成果的编辑，都离不开她的悉心指导。
>
> 这些学识渊博、谦逊热情、治学严谨的专家导师们，是你们的提携与无私的帮助，让我突破了专业成长路上的一个个难题，越过成长路上的一道道沟沟坎坎。

## （三）实践反思

反思是指教师以自己的职业活动为思考对象，对自己在职业中的行为以及由此产生的结果进行审视的过程。从某种意义上讲，它是教师专业发展和自我成长的核心要素。国际教师教育协会倡导教师学习三大定律之一——越是扎根教师的实践反思，越是能充分有效地让我们意识到实践反思的重要价值。

作为具有丰富教学经验的学科带头人，基于教学实践进行多维的反思，体现了理论与实践之间的对话，是实现两者沟通的桥梁。对于学科带头人而言，"最难的不是应用新的知识，而是从经验中学习。学术知识对于专业工作是必需的，但又是远远不够的。因此，必须培养从经验中学习和对自己实践加以思考的能力"。

在网络工作坊的开展过程中，项目组设计了大量栏目引导学科带头人进行有效的实践反思，如教育叙事、教育案例等。课题研究激活了学员实践反思的热情，为学科带头人在忙碌的教学世界之外打开了另外一扇窗。

咸阳市旬邑县城关小学燕小艳老师如此评价"实践反思"的价值：

> 在研修过程中，我们除了在不断地学习先进的教育理念、翔实的记录整个研修过程的收获之外，更多的是在反思自己以往的工作。为什么，别人优于我们？那是因为我们没想到的，别人想到了；我们想到的，别人做到了；我们做到的，别人已经不做了。别人引领着一个时代，我们被一个时代引领着。我们往往是用走的速度追着在跑的事情。

## （四）任务驱动

"任务驱动"是基于建构主义学习理论提出的，它倡导以学习者为中心，任务贯穿始终。是一种能够很好地应用以实践性、实验性与操作性较强的培训内容的方法。任务驱动体现了以任务为明线，以提升学员的知识与技能为暗线，以学习者为主体的特征。

小学学科带头人大都具有良好的业务素养，较强的学习主动性，在理论研修中明确实践任务，在实践任务中升华理论研修成果是行之有效的方法和途径。项目组为此安排了大量的研修任务，如课题研究、个人发展规划、教学设计、教研论文、网络工作坊，等等。这些任务并没有成为学科带头人的负担，反而成为激发专业发展热情的催化剂。正如榆林市第十一中学的李世兰老师所说：

> 为经营好教师网络工作坊，我定期上网浏览近期信息，关注前沿动态，交流方法经验，指导学员研修，并把自己积累的教学资料和大家分享。除网络研修外，每学期都要进行两次大型的实践研讨活动，制订活动方案，设计研讨主题，指导研讨课例，组织活动过程，总结活动得失，自始至终亲力亲为，无数次不辞辛苦地挑灯夜战，只为青年教师专业能力尽快提升。无数次隔着屏幕，面对工作坊成员传来的征文参赛作品，一遍遍轻声细读，字斟句酌，仔细揣摩，不惜头昏眼花、皱纹增加，只为徒弟们能取得好成绩，对得起那一声声"师父"。每每有工作坊成员参加各级各类赛教，我总是使出浑身解数，不厌其烦，反复研究，跟班指导，甘愿废寝忘食，披星戴月，只为专业有所建树，青出于蓝而胜于蓝。

## 四、效果与反思

经过为期一年的培养，学科带头人培养工作取得了良好的效果，他们的理论素养得到明显提升，研究能力有了显著提高，指导青年教师能力有了质的飞跃，辐射带动作用得到进一步的强化，许多老师成为当地乃至省内有一定影响力的"本土专家"。他们在陕西师范大学、陕西学前师范学院、陕西省教科所、陕西省小教中心等单位承担的"国培计划""名师大篷车"活动中成了生力军。

2015 年 7 月，78 位学科带头人培养对象经过考核，正式成为学科带头人，陕西省教育厅在 2015 年教师节前夕予以表彰。与此同时，他们取得的突出业绩得到了社会的高度认可，主要体现在：

1. 4 位教师获得国家级奖励

渭南市南塘小学郗莉老师、咸阳市乾县黉学门小学任伟老师 2014 年 9 月获得人社部、教育部共同表彰的"全国模范教师"称号。汉中市洋县南街小学邓爱华老师、咸阳市风轮小学陈阿莉老师 2014 年 9 月被教育部授予"全国优秀教师"称号。郗莉老师还代表陕西省参加了 2014 年全国教师节表彰大会，受到了习近平总书记的亲切接见。

2. 14 位教师获评陕西省第十批特级教师

2015 年 8 月，第一批学科带头人中共有 14 位教师获评陕西省第十批特级教师，分别是西安市大雁塔小学胡军老师、西安市大学南路小学李彦平老师、西安市未央区西航三校李婷老师、西安市莲湖区教师进修学校任院玲老师、延安市实验小学孙郡霞老师、宝鸡市实验小学周文华老师、宝鸡市扶风小学王爱平老师、咸阳市风轮小学陈阿莉老师、咸阳市长武县昭仁中心小学曹亚妮老师、汉中市南郑县（现南郑区）大河坎九年制学校杨瑞老师、渭南市南塘小学郗莉老师、渭南市大荔县教研室牛雪萍老师、商洛市商州区城关一小王晓妮老师、商洛市镇安县第二小学白玉凤老师。

与此同时，我们也意识到工作存在的不足之处，主要有以下两个方面：

（1）培养方式个性化不足

每个学科带头人由于成长环境、工作条件、个人状况的差异，在专业发展过程中有各种不同的诉求。我们在培养过程中对于这些差异重视程度不足，部分学员的特殊需求没有得到满足。

（2）考核方式较为单一

由于学科带头人培养工作尚处于摸索状态，在考核评价上方式较为单一，主要以评委答辩、集体商议的方式确定学员的水平高下，对于学科带头人多维状况不能有效评价，客观上影响了考核评价效果。

**附录三：**

# 陕西省小学学科带头人培养对象培养方案

## 一、培养目标

通过为期 1 年的科学培养和严格考核，将各市推荐的培养对象培养成为合格的学科带头人，使其能够在本学科领域发挥示范引领和辐射带动作用，进而提升陕西省小学教师队伍的整体专业水平，促进陕西省基础教育质量的全面提高。

## 二、培养内容与方式

### （一）培养理念

师德为先、学生为本、能力为重、终身学习、示范引领。

### （二）培养内容

师德修养研究、教育教学理论、学科前沿问题、课堂教学艺术、课程改革研究、教育信息技术、名师成长案例、教学实践反思、教育科研素养、学科示范引领。

### （三）培养方式

省内集中培养：在前期和后期分别在校内集中 15 天，采取专家报告、交流研讨、现场诊断、案例分析、课题研究、实践反思等方式开展培养工作。

省（域）外高级研修：中期选择北京、上海、江苏等国内或域外基础教育发展水平较高的地区，通过"集中研修＋跟岗实训"两个阶段（15天），采取专家报告、交流研讨、情景体验、影子实训等方式，开展高级研修。

远程网络研修：依托全国中小学教师继续教育网，建立"陕西省小学学科带头人培养平台"，选择内容适当、针对性强的网络课程，用于学员远程自修。内容主要包括：先进教育理念、学科专业知识、教学课例分析等。

学科工作坊建设：在导师指导下，建立"实体＋网络"模式的学科工作坊。工作坊采取任务驱动的方式，完成开展课题研究、设计教学改革、组织校本研修、开发培训资源、指导青年教师等方面的目标任务。

课题研究：以学科理论研究、学科实践研究、示范引领方案设计等为重点，开展理论与行动研究。

在岗研修：承担校内听课、评课，承担校内外教学"示范交流课"，主持校内外学科教学研究活动，承担对青年教师的教学指导及培养，承担学校专题学术报告、讲座。

### 三、实施步骤

培养期1年。分为基础培训，提高研修，成果展示与考核、认定命名4个阶段。

#### （一）基础培训阶段

工作重点：通过院校集中培训（专题报告、案例研究、互动交流、方案设计、任务驱动）和远程研修的方式，重点解决以下问题：

（1）怎么做好（什么是/怎么成为）学科带头人；

（2）研制个人发展规划和工作方案；

（3）研制学科工作坊建设方案；

（4）确定研究方向与选题。

1. 院校集中研修（15天）

（1）理论学习与专业素养提升

紧紧围绕"怎么做好（什么是/怎么成为）学科带头人"而开展专题理论学习和研讨。

（2）研制个人发展规划和工作方案

研讨、交流并制订一年培养期专业发展计划、未来五年个人发展规划和学科带头人工作方案。

（3）研制学科工作坊建设方案

设计以个人名字命名的学科工作坊建设方案，构建"陕西省小学学科带头人培养对象——×××工作坊"实体平台和网络平台，通过"实体＋网络"的模式，努力使工作坊成为：

A．理论研究平台。通过工作坊开展课题研究。

B．培养交流平台。导师通过工作坊开展指导；培养对象通过工作坊相互交流学科教育研究、学科教学改革和培训学习心得。

C．指导引领平台。在工作坊开展"学科导教"活动，通过课例展示、说课评课、案例分析、教学研讨等形式，指导青年教师成长，引领坊内成员提升专业水平。

D．资源研发与校本研修引领平台。收集并展示优秀的培训案例，积极研发教师培训专题和课程资源，承担县级以上集中培训教学或远程指导任务，指导并引领区域校本研修。

E．成果展示平台。展示课题研究过程和成果；展示本人研修成果和工作坊建设成果；展示本坊成员优质案例及成果。

（4）课题研究

研讨确定课题研究方向，结合个人特长确定研究选题，并进行开题论证。

2．远程网络研修

依托全国中小学教师继续教育网，建立"陕西省小学学科带头人培养平台"，在线学习优质网络课程40学时，巩固集中培训成果，进一步提升专业素养。

**（二）提高研修阶段**

工作重点：省外高级研修；网络研修与在岗实践；学科工作坊建设与

试运行；课题研究。

1. 省（域）外高级研修

承办院校将学员按学段、学科分组，分别赴北京、上海、江苏、浙江等教育发达地区或域外的高水平大学、教师培训机构，采取"集中培养＋名校（园）跟岗研修"相结合的形式，进行为期15天的高级研修。

（1）研修内容

学科教学的理论与实践、名师成长案例研习、教学实践反思、学校与班级管理、校本研修探究、论文写作指导等。

（2）研修形式

专家报告、交流研讨、现场诊断、教学观摩、跟岗实训、情景体验、行动研究、实践反思等。

2. 网络研修与在岗实践

在远程网络研修的同时，积极开展下列在岗实践工作：校内听课、评课；在本学科范围内上示范交流课；在校内外主持学科教学研究活动；开展教学改革实验；自主研发教（玩）具等。

3. 学科工作坊建设与试运行

启动工作坊建设，并以工作坊为单位，按照设计内容与目标任务，开展科学研究、经验交流、在岗研修、指导引领、资源研发、教师培训、成果展示等方面的工作。

4. 课题研究

开展课程研究，撰写1篇具有一定特色的教育教学经验或教育科研论文，完成至少1篇学科教学设计方案。

### （三）成果展示与考核阶段

工作重点：深化课题研究并形成研究成果；深入在岗实践并完成相关任务；完善工作坊建设并展示成效；综合考核。

1. 深化课题研究并形成研究成果

在导师的指导下深化课题研究，修订完善论文，形成研究成果。

2. 深入在岗实践并完成相关任务

完成培养计划规定的各项在岗实践任务。

3. 完善工作坊建设并展示成效

按照设计方案进一步完善学科工作坊建设，全面展示建设成效和培养成果。

4. 综合考核

在培养期内，坚持"阶段考核与综合考核"相结合，以综合考核为主的原则。对于不合格的培养对象，采取"阶段淘汰＋综合淘汰"的形式，取消培养资格。综合考核主要采取以下方式：

（1）集中与远程研修考核

培养对象须修完培养计划规定的集中研修和远程研修的全部课程和学时。

（2）研究成果考核

A. 理论研究成果：主持完成至少 1 项教育理论或学科教学理论课题研究，撰写至少 1 篇高水平的学术论文或研究报告，并在教育类期刊上公开发表。

B. 教学实践成果：撰写至少 1 篇学科教学设计或幼儿园活动方案设计等教学活动实施方案。

C. 行动研究成果：结合自己的教育教学实践和培养收获，以反映个人教育思想、教学主张、教学特色为主要内容，撰写不少于 3 万字的经验总结或成长书稿。

（3）在岗实践考核

培养期内坚持在教育教学第一线工作，并完成以下任务（须提供相关实证材料）：

A. 在校内听课、评课不少于 20 节；

B. 上本学科示范交流课不少于 6 节（其中校外不少于 2 节）；

C. 在校内外主持的学科教学研究活动不少于 4 次；

D. 开展教改实验不少于 1 项或自主研发教（玩）具不少于 1 件。

（4）学科工作坊实效考核

A. 展示本人研究方案、过程和成果；

B. 展示 1～2 项本人在教育教学改革、指导校本研修等方面有特色的案例；

C. 展示本人指导青年教师的方案及效果；展示本坊成员优质教学案例（教学设计）或教学反思等 6 篇以上；

D. 展示本人开发的教师培训专题（讲义）至少 1 项；展示本人在"国培""省培"或市、县级教师集中培训项目中承担教学任务的情况及效果（3 次以上）。

E. 提交工作坊改进策略及学科带头人工作规划各 1 篇。以正式被认定为省级学科带头人后，如何进一步发挥示范引领和辐射带动作用为主要内容，提出学科工作坊的改进策略和完善方案。

承办院校将组织专家根据培养对象的研究成果和培养实效，依据《省级学科带头人认定量化考核办法》和《省级学科带头人培养对象综合量化考核表》（另行制订）进行量化打分。考核结果分为优秀、合格、不合格 3 个等级。考核结果上报省评选工作领导小组办公室。

**（四）认定命名阶段**

工作重点：公示结果、认定并发文。

由陕西省评选工作领导小组办公室根据相关规定和程序，对考核合格的培养对象进行公示。对公示后无异议者，由省教育厅、省人社厅共同认定，联合发文命名并颁发荣誉证书。对考核结果为不合格者，不再保留其培养对象资格。

## 四、跟踪指导与管理

根据《陕西省中小学学科带头人选拔与管理办法》，明确学科带头人的职责任务，加强指导、使用、管理与考核。承办院校将通过网络跟踪、现场指导等多种形式，协助陕西省教育厅做好小学学科带头人在任期内的学科工作坊的运行、监督、管理与考核等工作，充分发挥学科带头人在学术引领、教学改革、教师培训等方面的示范带动作用。

【陕西省小学（乡村）学科带头人典型案例】

# 专业成长路上，用行动为自己助力

## 赵康婵

从站上三尺讲台的那一刻起，每个人心中都藏着一个做名师的梦，我也不例外。而对于想实现这个梦的人来说，行动永远比心之所想更为"给力"。2006 年，我调入了当时心仪已久的陕西省洛南县古城镇中心小学，从此，开启了我教学生涯中一段新的旅程。

### 小草，即使不能成长为大树
### 也要努力，向阳生长

或许是洛南县古城镇周边学校年轻教师太少的缘故，之前我一入职古城镇四联小学，就幸运地被领导当骨干苗子培养着，一路走来也算是春风得意。可到了古城镇中心小学，这种骄傲的"存在感"却明显地找不到了。我像许多刚调入新单位的老师一样，为了在这个陌生的环境里给领导、同事留下一个好的印象，从调入古城镇中心小学的第一天起就没敢怠慢，认真地做好手头的每一件事。但在师德演讲、随堂听课等一连串的教学活动中，精心准备到连一个手势，一句过渡语都反复琢磨的我，却没有取得预期的理想成绩，我感到了前所未有的失落。多少次独自坐在学校的花园边，看着绿油油的草坪，我觉得自己就是那株平凡的、怎么找也找不到的小草。

2007 年，在一次培训中，我有幸聆听了吴积军老师的个人成长经历报告，吴老师报告里的一句话对我触动很大——"小草只有长成大树，才能被人远远地看见，成为别人眼中的风景。"于是，我萌生了一个成为大树的梦。但同时静下心来反思自己：古城镇中心小学是个名师汇聚的地方，自己又怎能轻易出人头地？小草，即使一时不能成长为大树，也要努力向着阳光生长。培训回来后，我制订了自己在古城镇中心小学的第一个五年奋斗目标，接下来的日子里，除了工作，我把所有的时间、精力都投入到了自身的修炼上。

我买回了电脑，从记忆键盘开始学起，平时兜里揣着手写的键盘表，随时随地默记数字键、控制键、字母键的位置，练习指法，终于学会了盲打。为了提高打字速度，我开始网上聊天、录入并打印学生作文。为了更熟练地掌握办公软件的操作技能，我借来了小学、初中的信息技术课本，开始系统学习 word 软件操作和电子表格、幻灯片制作，自己的电脑水平由此突飞猛进，制作的教学课件《秦兵马俑》《永远的白衣战士》等连续在县、市级评比中获奖，自己也成为了全镇教师电脑培训的辅导老师。

路要靠自己走。从学校的优质课赛教入手，我认真地记录着每位老师的教学过程，精彩之处就用笔做上特殊的记号，课后再次整理加工，成为自己以后备课的资料。图书室里凡是与课堂教学有关的书籍我都会去借阅，遇到好的案例就摘抄下来，遇到名师的课堂实录，就马上转化成一个个条理清晰的教学案例，并整理成可供自己使用的教案，每一年我摘抄整理的教学设计至少有两大本子，但它并不是学校检查的业务学习笔记。一边乐此不疲地搜集着优秀案例，一边在自己的课堂上积极实践，我的课越来越吸引学生，渐渐地在学校组织的随堂听课、优质课赛讲等课堂教学比赛中脱颖而出，我也开始被推荐承担校内外的公开课、示范课等教学活动。2008 年，我参加了洛南县教学能手比赛，取得了语文组全县第一名的好成绩，又于 2010 年获得了县教学能手称号。

学习，让我尝到了甜头，找回了久违的存在感，像一棵春风里的小草，我阳光、快乐地成长着。

### 心若唯一，目标就不会远离
### 心若执着，梦想便不会遥远

圆规之所以能画圆，是因为脚在走，心不变。人生重要的不是我们走了哪条路，而是我们是否迈出了脚步，是否在为目标坚持行动。2013 年，我拥有了人生中一段不平常的赛教经历。

三月的那天早上，领导找我谈话，让我参加 2013 年的教学能手赛。当时我就拒绝了，因为我已经是县级能手了，觉得没必要再参加了。领导笑着说:"这次是要你往前再走一步,你好好想想。"随后,校长、朋友也相继来劝我。我知道领导是好意,要是再不答应,就真的是不知好歹了。再说在中心小学这个卧龙藏虎的地方,这样的机会对每个人来说可能只有一次,而我那个成为大树的梦还没有实现。于是,我走上了县教学能手比赛的赛场,在激烈的角逐中胜出,成为县上推荐的参加商洛市教学能手赛的选手。接到通知的那一刻,我对自己说:"一定要努力,不负领导厚望。"

市上赛教在四月举行,在不足一个月的准备时间里,除了正常上课外,我集中精力只做好一件事——备课。根据往年市上赛教情况,我把重点确定在四五年级。我一篇一篇课文地准备,遇到难以把握的课文就找同事商量,力求每一篇课文在教学设计上都有一个"吸睛点"。四月下旬,我走上了市教学能手赛的赛场,当我从抽课室出来时,却怎么也高兴不起来,我抽到的课很糟糕,且还规定是第一课时。而我精心准备的都是第二课时的课,压根儿就没想过在市上会讲第一课时。坐在备课教室里,我大脑一片空白,感觉自己"死定了"。看着其他选手奋笔疾书,我努力让自己镇静下来,毕竟这是赛场,备课时间只有90分钟。我一边看着课文,一边回想着平时所看的那些名师课例,脑海里竟然冒出了几个令自己非常欣喜的想法。成绩公布了,我成功入围市级教学能手,并被推荐参加陕西省教学能手比赛。这真是一个意外的惊喜,仔细回想,真得感谢自己平时看的那些课例和课堂实践。

那一年,我带的是六年级语文,平时课业繁忙,不过好在省级比赛在六月份,我有将近两个月的准备时间。可我怎么准备呢?省上确定的是哪一年级的课?全省语文使用了三个版本的教材,最终会确定为哪个版本,第几课时呢?我心里一片迷茫,感到了从未有过的孤独与无助。领导看着愁眉不展的我说:"这次要全靠你自己了,我们谁也帮不到你了。"是的,我别无选择。于是,我冷静地分析了一下自己,发现自身几乎没有什么优势,毕竟是省赛,评委是学科领域的专家,对手是市赛中的优秀者,而且我更清楚地知道:这些选手的起点都比来自乡村学校的我高。

其实,很多时候,恰恰是那些带给你烦恼的事,促使着你不断前进。我打开了QQ,把自己参赛的困惑如实告诉了吴积军老师,吴老师介绍我与渭南的郗莉校长相识,郗校长不吝赐教,不仅帮我解决了心头所有的困惑，还发来了往届省赛的评分标准和她培训省赛参赛选手的资料。从这份资料里，我了解了省赛的参赛流程，明白了在备课、说课、答辩中选手要注意的问题。

怀着感恩的心，我开始为省赛做准备。我从图书室借来《义务教育语文课程标准》，逐条逐字研读。一有空闲就上网，或听全国阅读教学大赛的课，或学习名师的课堂实录，摸索整理出了第一课时教学环节的通用模式，并发给了往届的一位优秀教学能手，让其指点教学环节是否合理，得到肯定后，备课一下子轻松了很多。六月初，省上通知了讲课年级为四年级，我就拿出四年级的教案再次备课，并把自己认为备得不错的一节课发给了那位优秀教学能手，对方给了我诚恳的建议，随后我把所有的课都按照她的指点又做了一次修改。接下来我开始了一段很特殊的课堂实践，四年级哪位老师请假，我就在哪个班级试讲。说实话，那段时间我的收获非常大，自己都能感觉到自己的进步。

6月28日，我走进了省赛的赛场，结果，如愿以偿获得了陕西省教学能手称号。

是的，努力了，运气就不会太差。我一直相信这是一句真理。

撞击每一个可能成功的点
让人生绽放不一样的美丽

人生的坐标，是自己描绘的。决定你高度的永远是你对自己的要求。成为陕西省教学能手后，我有较多的机会参加商洛市"名师大篷车"活动，并承担着洛南县暑期教师培训任务，足迹遍及商洛市六县一区并深入洛南县十多个乡镇，受惠教师达6000余人次。为了使自己在专业成长的路上走得更稳更远，2018年，通过市、省两级遴选，我顺利入围陕西省第五批学科带头人培养对象。第一次集训时，我和我的同伴们每晚九点还在微机室忙碌着，我隐隐感到了面前这条路的崎岖与坎坷，我暗暗对自己说："培养期内，绝不掉队！"

接下来的一年，在培养单位陕西学前师范学院的精心指导下，我以学科带头人专项课题为核心，心无旁骛地带领团队在专业发展的道路上摸爬滚打。为了保证在时间节点前完成任务，我把各项任务再次分解细化，具体到每月每周。工作坊建设、线上线下活动、课例打磨、课题研究、成果推广、送培送教、坊员培养、简报制作……我按照计划有条不紊扎实开展着，看似漫长的一年，就在紧张忙碌和刻骨铭心的历练中悄然而逝。忘不了每个夜晚，拖着疲惫的身体回到家，就又开始坐在电脑前打理自己的网络工作坊；有时为了组织一次大规模的课题研讨活动，连续几天都在修改着同一份活动方案；2019 年的 3 月和 4 月，我带领团队以汇报课和微讲座的形式，把课题研究的成果在全县 5 个乡镇 8 所学校进行了推广，同事们看着整天不是打磨课例，就是外出送教的我，心疼地说："太不容易了。"临近结题的两周，我不管是吃饭还是走路，脑子里只想着结题的那些事，有时刚睡下来，突然想到有句话这样改更为确切，就赶紧爬起来打开电脑继续修改。那半个月，我觉得时间飞一般地流逝，坐在电脑前仿佛还没怎么做事一天就过去了，多少年来第一次觉得一天竟是如此的短暂。就是在这样的煎熬中，我成长着，蜕变着，

上天从不辜负每一个努力的人。2019 年 7 月 14 日，我通过了答辩，课题顺利结题。8 月，获得了陕西省学科带头人称号和省级"赵康婵工作坊"授牌。

时光清浅，岁月留香，从一名普通教师到优秀教师，一路走来，成长如蜕。感谢培养、帮助、鼓励我的领导、同事、朋友。我只想说，没有人能随随便便成功，光鲜的背后，都是执着的坚持和辛苦的付出。如果让我重新选择，我依然会选择让行动为自己的成长助力。

（赵康婵，中小学高级教师，陕西省学科带头人，陕西省教学能手，陕西省中西部乡村中小学首席教师，陕西省洛南县古城镇中心小学副校长。）

# 后 记

本书为陕西省社科著作出版资助项目"西部乡村中小学教师专业发展与培训模式研究"（2021SKZZ012）、国家社会科学基金教育学青年课题"西部连片特困地区中小学教师专业发展路径与培训模式研究"（CKA140128）研究成果。

作为乡村子弟，在基础教育阶段求学过程中我既有遇到"良师"的幸福，也有遇到"庸师"的沮丧，因而，我对西部乡村中小学教师专业发展有一种天然关注。2012 年 6 月，国务院扶贫办印发《关于公布全国连片特困地区分县名单的说明》，正式确定连片特困地区的具体名单。我于 2013、2014 年连续申报了主题为"西部连片特困地区乡村中小学教师专业发展"的国家社科基金项目，2014 年 12 月正式获批。课题之所以能够获批，很大程度上是因为社会各界对于西部乡村中小学教师专业发展的高度关注与热切期盼。2015 年 7 月，课题举行开题仪式，北京师范大学教育学部部长朱旭东教授、陕西师范大学教师干部教育学院前院长袁奋光研究员、陕西教育科学研究院副院长秦德增参加开题仪式。对课题研究工作充满期待，提出了许多犀利而中肯的指导建议，为课题顺利开展奠定了良好基础。

研究过程中，课题组成员齐心协力、相互配合，先后在陕西、甘肃、西藏、青海、四川等地开展调查研究工作，进行深度访谈，掌握了大量一手资料。陕西学前师范学院、陕西师范大学等高校对于课题开展提供了大力支持。全国中小学教师继续教育网、中国教师研修网等培训机构为线上调研活动的顺利实施付出了艰辛劳动。每每想到这些，我的心中便涌起满满的感动。在此期间，相关研究成果发表于《中国出版》《西北大学学报》《中学地理教学参考》《中学语文教学参考》等核心刊物。

天有不测风云，课题研究进入攻坚之际，我的双眼查出白内障，并且经历了相当长一段时间的误诊，曾先后奔波于西安、北京之间求医，并于

2018 年 10 月—11 月接受了白内障手术治疗。屋漏偏逢连夜雨，2019 年 2 月初，我的左眼视网膜脱落，2 月 5 日（大年初一）当天完成手术。眼疾的折磨让我痛苦不堪，许多研究被迫中止停滞，延期推后。视力基本恢复之后，我就立即投入到紧张而又繁重的研究之中，本书便是课题组集体智慧的结晶。各章节具体撰写情况如下：

陕西学前师范学院牛文明教授统筹全书，撰写第五章、第六章、第七章和附录二、附录三的主体内容；陕西学前师范学院赵燕教授撰写第一章和第二章；湖南第一师范学院刘丽群教授撰写第十章；甘肃陇东学院杜军、杨晓奇、刘志耀、李晓红、付建铂、王璇、李介等老师联合撰写第四章；陕西学前师范学院史晓荣老师撰写第三章；陕西师范大学实验小学罗晓红老师，史晓荣老师撰写第八章；陕西师范大学王兴华老师撰写第九章；陕西省洋县青年路小学邓爱华校长撰写第二编的成长案例；陕西省宁强县第一初级中学杨安平校长撰写第三编的成长案例；陕西省洛南县古城镇中心小学赵康婵副校长撰写附录三"专业成长路上，我用行动为自己助力"部分。

尤其令人感动的是我的博士研究生导师、陕西师范大学教育学部教授郝文武先生，他自始至终关心课题研究，给予了巨大支持，在书稿出版之际，拨冗撰写了热情洋溢的序言，为本书增色颇多。郝老师奖掖后学之情铭记于心。

在本书出版过程中，西北大学出版社第明老师，责任编辑潘登、张莹老师倾注了大量心血；陕西省社科联祝志明老师多次协调出版事宜，推动出版进程；陕西学前师范学院纪洁明、苏瑞琴老师为本书文字工作做出了许多默默无闻的贡献；陕西师范大学柯西钢教授提供了周到细致的帮助；中央社会主义学院孙照海博士，北京师范大学郑国民教授、鲍传友教授，西北大学石建国老师、张华岭老师曾以不同方式关心支持本书出版，在此一并深表谢意。

本书出版得到陕西省软科学研究计划"陕西省中小学教师培训分类管理研究"（2015KRM137）资助，本书同时也是陕西省高等教育教学改革研究项目"地方师范院校汉语言文学专业教师教育类课程思政的研究与实践"（21BY170）、省级一流本科专业建设点陕西学前师范学院汉语言文学专业、陕西学前师范学院重点扶持学科"中国语言文学"阶段性研究成果。

近年来，党中央、国务院及各级教育行政部门高度重视乡村教师队伍建设，出台了《乡村教师支持计划（2015—2020 年)》《全面深化新时代教师队伍建设改革的意见》《关于加强新时代乡村教师队伍建设的意见》等一系列文件，形成了"组合拳"。课题组的相关研究成果与上述文件精神"不谋而合"，尤其令人振奋的是，习近平总书记在 2021 年 2 月举行的全国脱贫攻坚总结表彰大会上庄严宣告：我国脱贫攻坚战取得了全面胜利，区域性整体贫困得到解决，完成了消除绝对贫困的艰巨任务。"连片特困地区"的概念退出历史舞台，西部乡村中小学教师专业发展进入新阶段、迈向新征程，迎来前所未有的发展机遇。

国运兴衰，系于教育，关键在教师，教师是立教之本、兴教之源。我们对西部乡村中小学教师的研究永远"在路上"。

牛文明

2022 年 1 月